体验阅读系列◆体验社会

有一种美德叫微笑

◎总　主　编：张忠义
◎本书主编：彭　琼

花山文艺出版社

图书在版编目(CIP)数据

有一种美德叫微笑：体验社会 / 彭琼主编. - 石家庄：花山文艺出版社，2005.4(2021.5 重印)
("读·品·悟"体验阅读系列 / 张忠义主编)
ISBN 978-7-80673-574-9

Ⅰ.①有... Ⅱ.①彭... Ⅲ.①语文课—课外读物 Ⅳ.①G634.303

中国版本图书馆 CIP 数据核字(2005)第 020931 号

丛 书 名：体验阅读系列
总 主 编：张忠义
书 　 名：有一种美德叫微笑(体验社会)
主 　 编：彭 琼

策 　 划：张采鑫
责任编辑：于怀新
特约编辑：李文生
责任校对：李 鸥
全案设计：北京九洲鼎图书有限公司
出版发行：花山文艺出版社(邮政编码：050061)
　　　　　(河北省石家庄市友谊北大街330号)
销售热线：0311-88643221
传 　 真：0311-88643234
印 　 刷：永清县晔盛亚胶印有限公司
经 　 销：新华书店
开 　 本：710×1000　1/16
印 　 张：10
字 　 数：180千字
版 　 次：2005年4月第1版
　　　　　2021年5月第4次印刷
书 　 号：ISBN 978-7-80673-574-9
定 　 价：35.00元

(版权所有　翻印必究·印装有误　负责调换)

目 录

品德与情操

莫　言	罗汉大爷(3)
[英]约翰·列农	冬天里的两个秘密(7)
蓝　风	一生的痛悔(11)
庄　酒	我和鸟儿有个约会(13)
[美]希区柯克	惩罚(15)
(台湾)李　敖	"显性伪君子"和"隐性伪君子"(18)
李智红	诚实无价(20)
[俄]戈列柯娃	童年的小船(21)
刘心武	快把好话说出口(27)
谢志强	一路平安(29)
佚　名	珍稀动物是怎样消失的?(30)
于德北	最美是百合(33)
[美]约瑟夫·P·布兰克	小贩的葬礼(35)
赵俊辉	有一种美德叫微笑(39)
梁漱溟	猴子的故事(41)
孙祥虎	横平竖直好一个"正"(42)
朱家贤	丑陋的鸡(43)
佚　名	一角钱的玫瑰花(45)

姜维群 ……………………………… 奢心宜戒(47)
青　春 ……………………………… 栀子花笑了(49)
马国福 ……………………………… 打开信任的口袋(51)

在社会中成长

麦　可 ……………………………… 多看一眼(55)
单士兵 ……………………………… 破茧成蝶(56)
于筱筑 ……………………………… 对不起,我的美国老师(57)
刘文嘉 ……………………………… 小店一间(60)
王长青 ……………………………… 等待(62)
小雨寒冰 …………………………… 不是"废话"(64)
文暧心 ……………………………… 去冒次险吧(65)
齐　云 ……………………………… 人生准则(66)
刘　齐 ……………………………… 生日(67)
[美]贝克·哈吉斯 …………………… 管道(69)
忆　馨 ……………………………… 六个馒头(73)
吴　楠 ……………………………… 先把帽子扔过墙(75)
桑　璇 ……………………………… 态度决定人生(77)
彭海清 ……………………………… 笨小孩(78)
叶广芩 ……………………………… 拾取逝去生命的碎片(80)
任　何 ……………………………… 苦难真的是财富?(82)
阿健　编译 ………………………… 把过错揽到自己身上(84)
张　莉 ……………………………… 精神救助(85)
[英]兰妮·麦克穆林 ………………… 难忘的体罚(87)
莫小米 ……………………………… 储蓄尊严(89)
华　韵 ……………………………… 大自然从不执著(90)
孙惠芬 ……………………………… 生活中总有冰山(92)

针砭时弊

高朝俊	画(97)
蒋子龙	心穷(98)
[哥伦比亚]马尔克斯	最近的一天(101)
梅资	大师的败笔(104)
何毅	"牛津女孩"与我们的虚荣(105)
陈大超	老局长"过早"(107)
薛明德	灵动与沉稳(108)
鲁迅	兔和猫(110)
张心阳	尊重自己的公民(113)
滏阳	阿强升官记(114)
叶圣陶	稻草人(116)
[法]莫泊桑	骑马(121)
梁锡华	漫语慢蜗牛(128)
[黎巴嫩]纪伯伦	龋齿(131)

社会大熔炉

马德	欣赏是另一种阳光(135)
毕淑敏	混入北图(136)
佚名	和你在一起(140)
陈大超	不乞求理解(143)
李阳波	奇迹是这样发生的(145)
[俄]契诃夫	打赌(146)
刘燕敏	谁是最忠诚的人(152)
蔡成文	神奇的预言(153)

社会因你而存在。你的言行举止影响着周围的人，发生在你周围的事又感染着你。在社会这样一个大家庭里，我们没有理由不约束自己。倘若都能做到这一点，我们还需要谈论道德与情操吗？

品德与情操

生活需要加糖的咖啡，那会显得丰富多彩，有滋有味；但更需要纯黑色的苦咖啡，因为生命要自己奋斗、生活要自己创造才有意义。

生命的每一分每一秒都像咖啡的味道，在品味的过程中不停地变幻着。

很喜欢这句话。

因为够经典，够真实……

罗汉大爷

◆莫 言

> 当他走在木桥上时,听到在河南岸,有个不安生的骡子嘶哑地叫了一声。罗汉大爷为了骡子重新返回,酿出了一出壮烈的悲剧。

日本鬼子带着伪军到我们村里抓民伕拉骡马时,我父亲还在睡觉。他是被烧酒作坊那边的吵闹声惊醒的。奶奶拉着父亲的手,颠着两只笋尖般的小脚,跑到烧酒作坊院里去。当时,我家烧酒作坊院子里,摆着十几口大瓮,瓮里满装着优质白酒,酒香飘遍全村。两个穿黄衣的日本人端着上了刺刀的步枪在院子里站着。两个穿黑衣的中国人肩背着枪,正要解拴在楸树上的两头大黑骡子。罗汉大爷一次一次地扑向那个解缰绳的小个子伪军,但一次一次地都被那个大个子伪军用枪筒子戳退。初夏天气,罗汉大爷只穿一件单衫。袒露的胸膛上布满被枪口戳出的紫红圆圈。

罗汉大爷说:"弟兄们,有话好说,有话好说。"

大个子伪军说:"老畜生,滚到一边去。"

罗汉大爷说:"这是东家的牲口,不能拉。"

伪军说:"再吵嚷就毙了你个小舅子!"

日本兵端着枪,像泥神一样。

奶奶和我父亲一进院,罗汉大爷就说:"他们要拉咱的骡子。"

奶奶说:"先生,我们是良民。"

日本兵眯着眼睛对奶奶笑。

小个子伪军把骡子解开,用力牵扯,骡子倔强地高昂着头,死死不肯移步。大个子伪军上去用枪戳骡子屁股,骡子愤怒起蹄,明亮的蹄铁趵起泥土,溅了伪军一脸。

大个子伪军拉了一下枪栓,用枪指着罗汉大爷,大叫:"老混蛋,你来牵,牵到工地上去。"

罗汉大爷蹲在地上,一气不吭。

一个日本兵端着枪,在罗汉大爷眼前晃着,鬼子说:"呜哩哇啦哑啦哩呜!"罗汉大爷看着在眼前乱晃的贼亮的刺刀,一屁股坐在地上。鬼子兵把枪往前一送,锋快的刺刀下刃在罗汉大爷光溜溜的头皮上豁开一条白口子。

奶奶哆嗦成一团,说:"大叔,你,给他们牵去吧。"

一个鬼子兵慢慢向奶奶面前靠。父亲看到这个鬼子兵是个年轻漂亮的小伙子，两只大眼睛漆黑发亮，笑的时候，嘴唇上翻，露出一口黄牙。奶奶跌跌撞撞地往罗汉大爷身后退。罗汉大爷头上的白口子里流出了血，满头挂色。两个日本兵笑着靠上来。奶奶在罗汉大爷的血头上按了两巴掌，随即往脸上两抹，又一把撕散头发，张大嘴巴，疯疯癫癫地跳起来。奶奶的模样三分像人七分像鬼。日本兵愕然止步。小个子伪军说："太君，这个女人，大大的疯了的有。"

罗汉大爷被赶到河南往河北搬运石头。

工地的边缘上稀疏地站着持枪的鬼子和伪军。手持藤条的监工，像鬼魂一样在工地上转来转去，罗汉大爷在工地上走，民伕们看着他血泥模糊的头，吃惊得眼珠乱颤。罗汉大爷搬起一块桥石，刚走了几步，就听到背后响起一阵利飕的小风，随即有一道长长的灼痛落到他的背上。他扔下桥石，见那个监工正对着他笑。罗汉大爷说："长官，有话好说，你怎么举手就打人？"

监工微笑不语，举起藤条又横着抽了一下他的腰。罗汉大爷感到这一藤条几乎把自己打成两半，两股热辣辣的泪水从眼窝里凸出来。血冲头顶，那块血与土凝成的疙痂，在头上嘣嘣乱跳，似乎要迸裂。

罗汉大爷喊："长官！"

长官又给了他一藤条。

罗汉大爷说："长官，打俺是为了啥？"

长官抖着手里的藤条，笑眯眯地说："让你长长眼色，狗娘养的。"

罗汉大爷气噎咽喉，泪眼模糊，从石堆里搬起一块大石头，跟跟跄跄地往小桥上走。他的脑袋膨胀，眼前白花花一片。石头尖硬的棱角刺着他的肚腹和肋骨，他都觉不出痛了。

监工拄着藤条原地不动，罗汉大爷搬着石头，胆战心惊地从他眼前走过。监工在罗汉大爷脖子上抽了一藤条。大爷一个前爬，抱着大石，跪倒在地上。石头砸破了他的双手，他的下巴在石头上碰得血肉模糊。大爷被打得六神无主，像孩子一样糊糊涂涂地哭起来。这时，一股紫红色的火苗，也在他空白的脑子里缓缓地亮起来。

他费力地从石头下抽出手，站起来，腰半弓着，像一只发威的老瘦猫。

一个约有40岁出头的中年人，满脸堆着笑，走到监工面前，从口袋里摸出一包烟，捏出一支，敬到监工嘴边。监工张嘴叼了烟，又等着那人替他点燃。

中年人说："您老，犯不着跟这根糟木头生气。"

监工把烟雾从鼻孔里喷出来，一句话也不说。大爷看到他握藤条的焦黄手指在紧急地扭动。

中年人把那盒烟装进监工口袋里。监工好像全无觉察,哼了一声。用手掌压压口袋,转身走了。

"老哥,你是新来的吧?"中年人问。

罗汉大爷说是。

他问:"你没送他点儿见面礼?"

罗汉大爷说:"不讲理,狗! 不讲理,他们硬抓我来的。"

中年人说:"送他点钱,送他盒烟都行,不打勤的,不打懒的,单打不长眼的。"

中年人扬长进入民伕队伍。

整整一个上午,罗汉大爷就跟没魂一样,死命地搬着石头。头上的血痂遭阳光晒着,干硬干硬地痛。手上血肉模糊。下巴上的骨头受了伤,口水不断流出来。那股紫红色的火苗时强时弱地在他脑子里燃着,一直没有熄灭。

中午,从前边那段修得勉强可以行车的公路上,颠颠簸簸地驶来一辆土黄色的汽车。他恍惚听到一阵尖利的哨响,眼见着半死不活的民工们摇摇摆摆地向汽车走过去。他坐在地上,什么念头也没有,也不想知道那汽车到来是怎么一回事。只有那簇紫红的火苗子灼热地跳跃着,冲击着他的双耳里嗡嗡地响。

中年人过来,拉他一把,说:"老哥,走吧,开饭啦,去尝尝东洋大米吧!"

大爷站起来,跟着中年人走。

从汽车上抬下了几大桶雪白的米饭,抬下了一个盛着蓝花白底洋瓷碗的大筐。桶边站着一个瘦中国人,操着一柄黄铜勺子;筐边站着一个胖中国人,端着一摞碗。来一个人他发给一个碗,黄铜勺子同时往这碗里扣进米饭。众人在汽车周围狼吞虎咽,没有筷子,一律用手抓。

那个监工又转过来,提着藤条,脸上还带着那种冷静的笑容。罗汉大爷脑子里的火苗腾一声燃旺了,火苗把他丢去的记忆照耀得清清楚楚,他记起半天来噩梦般的遭际。持枪站岗的日本兵和伪军也聚拢过来,围着一只白铁皮桶吃饭。一只削耳长脸的狼狗坐在桶后,伸着舌头看着这边的民伕。

大爷数了数围着桶吃饭的十几个鬼子和十几个伪军,心里萌生了跑的念头。跑,只要钻到了高粱地里,狗日的就抓不到了。他的脚心里热乎乎地流出了汗。自从跑的念头萌动之后,他的心就焦躁不安。持藤监工冷静的笑脸后仿佛隐藏着什么? 罗汉大爷一见这笑脸,脑子立刻就糊涂了。

民伕们都没吃饱。胖子中国人收回洋碗。民伕们舔着嘴唇,眼巴巴地盯着那几只空桶里残存的米粒,但没人敢去动。

下午,有一个20多岁的小青年,瞅着监工不注意,飞一般蹿向高粱地,一颗子弹追上了他,他趴在高粱地边缘上,一动也不动。

太阳偏西，那辆土黄色的汽车又来了。罗汉大爷吃完了那勺米饭。他吃惯了高粱米饭的肠胃，对这种充满霉气的白米进行着坚决的排斥。但他还是强忍着喉咙的痉挛把它吃了。跑的念头越来越强烈。他惦记着十几里外的村子里，属于他的那个酒香扑鼻的院落。日本人来，烧酒的伙伴们都跑了，热气腾腾的烧酒大锅冷了。他更惦记着我奶奶和我父亲。

吃过晚饭，民伕们都被赶到一个用杉木杆子夹成的大栅栏里。栅栏上罩着几块篷布。杉木杆子都用绿豆粗的铁丝联成一体。栅栏门是用半把粗的铁棍焊成的。鬼子和伪军分住两个帐篷，帐篷离栅栏几十步远。那条狗拴在鬼子的帐篷门口。栅栏门口，栽着一根高竿，竿上吊着两盏桅灯。鬼子和伪军轮流着站岗移动。骡马都集中地拴在栅栏西边那片高粱的废墟上。那里栽了几十根拴马桩。

夜渐深了，栅栏里凉气逼人。罗汉大爷无法入睡。他还是想跑。岗哨的脚步声绕着栅栏响。大爷躺着不敢动，竟迷迷糊糊地睡过去。梦中觉得头上扎着尖刀，手里握着烙铁。醒来，遍体汗湿，裤子尿得湿漉漉的。从遥远的村庄里传来一声尖细的鸡啼。骡马弹蹄吹鼻。破篷布上，漏出几颗鬼鬼祟祟的星辰。

白天帮助过罗汉大爷的那个中年人悄悄坐起来。虽然在幽暗中，大爷还是看到了他那两颗火球般的眼睛。大爷知道中年人来历不凡，静躺着看他的动静。

中年人跪在栅栏门口，两臂扬起，动作非常慢。大爷看着他的背，看着他带着神秘色彩的头。中年人运了一回气，猛一侧面，像开弓射箭一样抓住两根铁棍。他的眼里射出墨绿色的光芒，碰到物体，似乎还呼呼有声。那两根铁棍无声无息地张开了。更多的灯光和星光从栅栏门外射进来，照着不知谁的一只张嘴的破鞋。游动哨转过来了。大爷看到一条黑影飞出栅栏，鬼子哨兵咯了一声，便在中年人铁臂的扶持下无声倒地，中年人拎起鬼子的步枪，轻悄悄地消逝了。

大爷好半晌才明白了眼前发生了什么事。中年人原来是个武艺高强的英雄。英雄为他开辟了道路，跑吧！大爷小心翼翼地从那个洞里爬出去。那个死鬼子仰面躺着，一条腿还在抽抽搭搭地颤动。

大爷爬进了高粱地，直起腰来，顺着垄沟，尽量躲避着高粱，不发出响动，走上墨水河堤。三星正晌，黎明前的黑暗降临。墨水河里星斗灿烂。局促地站在河堤上，罗汉大爷彻骨寒冷，牙齿频繁打击，下巴骨的疼痛扩散到腮上、耳朵上，与头顶上一鼓一鼓的化脓般的疼痛连成一气。清冷的掺杂着高粱汁液的自由空气进入他的鼻孔、肺叶、肠胃，那两盏鬼火般的桅灯在雾中亮着，杉木栅栏黑幢幢的，像个巨大的坟墓。罗汉大爷几乎不敢相信，这么容易就逃出来了。他的脚把他带上了那座腐朽的小木桥，鱼儿在水中翻花，流水潺潺有声，流星亮破一线天。好像什么事也没有发生呀，什么也没有发生。本来，罗汉大爷就可以逃回村子，藏起来，躲起来，养好伤,继续生活。可是,当他走在木桥上时,听到在河南岸,有个不安生的骡子嘶哑地叫了一声。罗汉大爷为了骡子重新返回,酿出了一出壮烈的悲剧。

心灵体验

在日本鬼子的淫威之下,罗汉大爷忍辱负重,为了乡亲,他坚忍不拔、不屈不挠,与日本鬼子作不懈的抗争,表现了胶东儿女那惊天地、泣鬼神的英雄气概和献身精神。

放飞思维

1. 文末"罗汉大爷为了骡子重新返回,酿出了一出壮烈的悲剧","罗汉大爷"仅仅是为了骡子而回吗?从另一侧面说明了罗汉大爷的内心世界又是怎样的呢?
2. 你认为中年人是个什么样的人?理由是什么?
3. 文中几次提到"紫红色的火苗",这代表着什么?且火苗一次比一次亮,这又说明了什么?

冬天里的两个秘密

◆[英]约翰·列农

弗洛里安大夫、玛利亚及她的父母亲和弗兰茨老先生都望着窗外,他们看到一轮战胜了严冬、绝望和死亡的红日正冉冉升起。

83岁的弗兰茨是弗洛里安大夫的病人中年纪最老的。

弗兰茨是个孤苦伶仃的老人,他的妻子、他所有的亲戚和朋友早已进入天国。偌大的世界上他没有一个亲人。当他的妻子玛丽去世时,他卖掉住房和家具,搬进远离大城市之外的那所可爱的养老院。刚过完83岁的生日,他就开始感到很不舒服,住进了医院。

住院的时间过得很快。秋天送走了夏天,冬天来临了。到10月底时,弗兰茨先生的死期已经逼近。他十分虚弱,路也走不动了。他卧床不起,要靠人喂饭、洗脸。夜间做噩梦,大声地说胡话。同房的其他病人叫苦不迭。

弗洛里安大夫只好将弗兰茨先生转移到医院的最高一层的单人小房间。弗兰茨先生住在顶楼的房间,他的窗户朝着一条寂静的横街。他开始默默等待着死神降临。

但是死神没有降临。圣诞节到了,新年到了,而死神一直没有来。弗兰茨先生躺在顶楼房间里,久病不起。本就贫穷的他渐渐用完了积蓄。医院要把弗兰茨送回养老院,不再为他治疗,但弗洛里安大夫却坚持把弗兰茨留在医院。为了能够继续给这位老人以疗效好的药物、味美的饮食和良好的治疗,弗洛里安大夫尽了全力。弗洛里安大夫是有意识这样做的。因为他碰到一个解不开的谜:尽管这个老人看上去好像剩下最后一口气了,但他还有强烈的活下去的愿望。凭弗洛里安大夫多年的经验,按理说,弗兰茨应该早已不在人世了。但是他还一直躺在病床上!无疑,使弗兰茨活下来的不是药物,而是一种神秘的力量。到底在这位老人心中蕴藏着怎样的秘密,才能产生这样的奇迹?

有一天下午4点钟发药时,弗洛里安大夫推开弗兰茨的门,却发现他正在朝窗外张望。看到弗洛里安大夫进来,他立即把脑袋缩了回去。弗洛里安大夫说:"您应该静静地躺着休息,为什么老是往窗外张望?"

弗兰茨先生想了一会儿,摇了摇干瘪的脑袋,他对弗洛里安大夫说:"请您走到柜子后面去,要不就不灵了。"

于是弗洛里安大夫就走到柜子后面去。弗兰茨先生坐起来,关掉床头柜上的灯。这时小房间里一片昏暗。接着他又开了灯,又关掉,又开灯。突然在他们对面横街的一间亮着灯的顶楼窗户里出现一个姑娘。这是个可爱的小姑娘,大眼睛,黑头发。她笑着并朝这儿招手示意。弗兰茨先生也向她招手示意。小姑娘在对面鼓掌,然后把各式各样的东西摆在窗台上,她自己站在窗台后面。窗台上摆的尽是玩具,有乔木、灌木,有一个教堂,还有许多布娃娃,只要用手插到洋娃娃的四肢下面,它的形态就像活的一样。

小姑娘在她的窗口表演了一场真正的木偶戏!表演完毕,小姑娘鞠了一个躬。

弗兰茨先生笑了!几个月以来第一次看见他笑!弗洛里安大夫看得出神,情不自禁地往前走了两步。这时在小姑娘半明半暗的房间里出现了一个妇人。当她意外地发现弗兰茨先生和这位医生时,她惊呆了。她赶紧拉上窗帘。这时什么也看不到了。弗兰茨躺了下去,急促地呼吸着。

"对不起,是我妨碍了演出!"弗洛里安大夫沮丧地说。过了好一阵,弗兰茨先生终于开口了:"我认识这个小姑娘有五个星期了。纯粹是偶然的机会。一天,我想转身到另一侧,当我抬起头时,看到了她。她就把那些洋娃娃指给我看,并开始表演起来。为我……

"从那时开始她每天给我表演节目,而且每场节目总是新的。我是病危的人,但是我的视力还很好。我什么都能看得清楚,特别是对面也有灯光的时候。我几乎无法等到下午4点钟。这个时间我们用信号约好。"

接下来的整个冬天,弗洛里安大夫每天给弗兰茨先生检查身体,每天都关切地问同一个问题:"您一定又往窗外看了吧?"

现在老人对此总是轻松地回答:"是的!"

雪融化了。弗兰茨先生已经能够坐在桌旁吃饭,能够自己洗澡了。3月份他可以自己走路。对弗兰茨先生治疗上出现的奇迹,其他医生和护士都不理解。这是怎么回事?这怎么可能?

4月初,天一直还很冷,凉风习习。一天,弗兰茨先生惊慌失措地对弗洛里安大夫说:"大夫先生,大夫先生,昨天小姑娘不见了!要是她出了什么事……"

接下来的整整一周都不见小姑娘的踪影。可怜的弗兰茨先生完全失去了常态。他甚至有点儿旧病复发。但是弗洛里安大夫对此完全不当一回事。第8天他心不在焉地说:"请您穿好衣服,有人邀请我们。"

"有人邀请?在什么地方?"

"那个为你表演的小姑娘的父母亲邀请我们去吃午饭。您动作快一点儿,要不我们就迟到了。"

弗兰茨先生穿衣服还从来没有这么快过!弗洛里安大夫想搀他过马路,但他走得比大夫还快。老人跟跟跄跄地径直上了对面那幢房子的顶层。

大夫似乎熟悉这里的房门。他在一道门牌上写着"维德曼"的门上按了电铃。一位女士开了门,在她后面站着一位先生。当他们看到弗兰茨先生时,脸上马上泛起了笑容。"非常欢迎,亲爱的弗兰茨先生。"女士说。这位女士就是老人曾经在小姑娘的房间里常常看到的那个,那次当弗洛里安大夫在柜子后面走出来时,她赶紧走到窗口把窗帘拉上。

"不久前,弗洛里安大夫拜访过我们,谈起了您的情况。"小姑娘的父亲解释道。他久久地握住老人的手。弗兰茨突然明白了大夫的良苦用心,他感激地看着弗洛里安大夫,急切地问小姑娘在哪里?这是他最关心的问题。

小姑娘的父亲领着弗兰茨走过穿堂,在一道门前站住。"我的女儿玛利亚就在这里面。这门应该由您来推开。"他对弗兰茨先生说。弗兰茨双手颤抖着推开门,这是一间装饰得很漂亮的儿童房间。这个房间他已很熟悉。玛利亚,他的小朋友,大眼睛,黑头发,她正躺在靠窗的小床上。被子滑落下来。弗兰茨先生看到玛利亚的右腿从脚趾到膝盖绑着石膏绷带。

"太好了,你终于来了!"玛利亚兴奋地喊道。

维德曼太太费劲地说:"我的女儿6个月前患了严重的骨髓炎。她必须卧床,老是卧床。我们请了最好的医生,用了最好的药物,但是毫无用处。我们非常担心玛利亚会终身残废。您想想,弗兰茨先生,她还是个小孩儿!"

维德曼太太拭了一下眼泪,接着说道:"突然玛利亚的病情好多了,起先我们还不知道是怎么回事,后来我们才知道,她每天为您演出……

"我们每周都要带玛利亚去医院做透视检查,上一周的检查出现了奇迹。检查表明现在她只有局部发炎,医生说很快就能康复了。"

玛利亚向弗兰茨伸出一只手,他握住她的小手。现在他们两个坐在床上。她虽然还有点儿瘦削、苍白、虚弱,但是已能从病魔手中解脱出来了。

"您和玛利亚都有一个秘密。一个使另外一个得到健康,我们将永远感谢您!"小姑娘的父亲嗓音沙哑地说。"但是,这只不过是一个小小的秘密。"老人喃喃地说。

弗洛里安大夫笑着摇摇头,意味深长地说:"不,有两个秘密:一个小小的秘密和一个大大的谁也无法探究的秘密。"

他说完之后,房间里变得十分寂静。弗洛里安大夫、玛利亚及她的父母亲和弗兰茨老先生都望着窗外,他们看到一轮战胜了严冬、绝望和死亡的红日正冉冉升起。

心灵体验

一位老人、一个孩子,两个都是医学上认为不可救治的重病。然而,他们都被对方鼓励着、支持着,都受爱心驱使,因而他们也创造了医学上难以解释的奇迹。

放飞思维

1. 弗洛里安大夫为什么说有"两个秘密"?那个"大大的谁也无法探究的秘密"是指什么?

2. "一轮战胜了严冬、绝望和死亡的红日正冉冉升起。"这寓示着什么?

一生的痛悔

◆ 蓝 风

那是一个因生活的不遂意而变得玩世不恭的青年从骨子里流出的忏悔的泪。

那一年我从省邮电学校毕业,被分配在大别山区一个偏远的小镇上当邮递员,女朋友也随之与我拜拜。我的心情简直糟透了,成天琢磨着怎样走出命运的魔掌,根本无心耕耘自己那一亩三分地。我所负责的一条线更是名副其实的穷乡僻壤,邮件少得可怜。这倒好,我总是等它们积攒得差不多了才劳驾自己跑一趟,大概平均半个月一次吧。好在下面管理松散,没有人问过,说白了,其实根本没有人注意到一个山村小邮递员的存在,但有一位老人除外。

这位老人住在深山里的一个村庄里,大约已年过花甲。每逢我送信到他们村,总看见她老远就站在村口。我还没下车,她就迎了上来,小声问:"有我儿的信吗?"

渐渐地我就知道了这位老人的一些事:早年丧夫,惟一的儿子在深圳打工。开始我还在包里翻找一遍,问多了我就有些不耐烦地说:"没没没!"车停都不停直奔村长家。

但老人还是不厌其烦地嘱咐我:"娃子,有我儿的信麻烦你给捎来,啊?"

我送信是没有规律的,或十天或半月的,但每次总是老远地被老太太迎接着。我不知道这位老人是不是每天都这么等着,那时我根本无心琢磨这些。

在我的记忆里,还真给老人送过一回信,是从深圳来的。老人拿着信小心翼翼地求我读给她听。也许是老人的神情让我良心发现,我破例耐心地给她念了,还把要紧的解释给她听:"你的儿子春节忙,不回家过年。"

老人的眼里顿时涌出了浑浊的泪。那会儿我动了恻隐之心,忙安慰她:"但您的儿子很有孝心,马上要给您寄钱和年货回来。"

老人顿时含着泪连连点头,忙不迭地说:"啊唉,啊唉!多谢娃子,多谢娃子!"

等我将信件送到村长家时,惊奇地看到老人竟然比我先到了村长家,但不是找我,只见她高扬着信,神气十足地说:"我儿来信了,要寄钱回来,还寄年货。大城市的年货呢,赶明儿过去尝尝鲜!"

村长笑眯眯地说:"好嘞!赶明儿率领全村的男女老少都到您家去尝鲜!"

"好啊,好啊,我还得在村里再买些腊鱼腊肉,备足些好啊。您家里有余下的就给我留着,啊?我儿的钱快到了,快到了!"老人因激动而满脸通红。

11

这一年的冬天似乎特别的寒冷,一场又一场纷飞的大雪将大山、小村和我的心严严实实地覆盖着。我送信的次数越来越少。腊月初八这天,我在旧历年里最后一次到老人的村庄。老人上前一把拉住我,急切地问:"有我儿的汇款单吗?"

"没有。"我几乎忘了她的儿子曾给他写过那封信。也许是天气的原因。我的回答恢复到以前冷冰冰的状态,根本没有在意一位老人此时的焦虑与不安。

一个星期后,我将一些零散的邮件锁进抽屉,提前回家过年了。家的温馨暂时融化了我心头的冰山。我将那个恼人的穷山沟抛到了九霄云外,痛痛快快地过了一个喜气洋洋的春节。但好景不长,半月过后,我极不情愿地回到了大别山区,回到了那个让我沮丧的工作岗位。

我将年前没有送出的邮件整理了一下,准备送出去。这时,我突然发现了那位老人的儿子从深圳寄来的汇款单和包裹单,不禁一愣,一种不祥的预兆袭上心头。我马不停蹄地向老人的村庄赶去。可我已经去得太晚太晚!意料之中的事情发生了,老人已经长眠于村口的坟山上。

据说,老人在年前每天都在村口翘首企盼,任谁都劝不走。她说:"我儿子说到了就会做到,除非……除非他出什么事啦?"说到这里,老人总是连扇自己几耳光,然后自我安慰道:"不会不会的,瞧我这乌鸦嘴。我儿没事的,他会寄回的,我再等等,再等等!"就这样,直到大年三十新年的爆竹响起的时候,村长再一次去劝老人时,发现老人已被雪覆盖,成了一尊永远的雕塑。

老人的遭遇让我麻木的心灵受到了强烈的震撼。我手捧汇款单和包裹单跪在老人的坟前痛彻心肺,嚎啕大哭。那是一个因生活的不遂意而变得玩世不恭的青年从骨子里流出的忏悔的泪。

我请求老人的儿子惩罚我,真的,无论他给我怎样的惩罚我都能坦然接受。但那位跟他的母亲一样淳朴的汉子缓缓扶起我,说:"我母亲九泉之下是不希望我那样做的。你引以为戒好自为之吧!"

这位母亲是我一生的痛悔,尽管我后来"脱胎换骨","改过自新",成了邮电系统的先进个人,但这种痛悔依然如影相随,永远无法摆脱。

我要奉劝年轻的朋友们,涉世之初,许多事可能不尽如人意,但无论如何不能自暴自弃,那样不仅虚度光阴,空掷年华,而且可能会伤害别人。为了他人,更为了自己,请走好涉世第一步。

心灵体验 这痛彻心肺的嚎啕大哭中,哭出了这位玩世不恭的青年的忏悔的泪,哭出了他的顿悟,他的脱胎换骨。是啊,为了他人,更为了自己,请走好涉世第一步!

放飞思维

1. 老人的儿子原谅了我,而我自己却感觉如影相随,永远无法摆脱,为什么?

2. 玩世不恭的我因老人的逝去而顿悟、猛醒,在你的生活中,有让你猛醒的事吗?叙写出来并谈谈感受。

我和鸟儿有个约会

◆ 庄 酒

> 他们不贪不占,不赊不欠,即捡即失,只体会当下的快乐,放得下一切的包袱与牵挂,难怪他们轻盈得可以飞。

我和我的朋友是在阳台上认识的。那天我在阳台上晒红枣,他来阳台上偷吃红枣不幸被我撞见。

我当时一见到他,心里就直扑腾,生怕惊着了他,倒像是我在偷吃他的红枣一样。就在他看到我飞也似的逃窜时,我便喜欢上了他。

他是一只鸟儿。长得尖嘴猴腮,还灰不溜秋,乍一看还真不像只好鸟。不过他还算不上梁上君子,人家专业的贼工作的时候,从来都是很安静的,连放屁都有分贝的要求。他却只知道叽叽喳喳,声音单调,毫不收敛。从他那上蹿下跳的调皮劲儿上看,很像我那精力过盛又没有午睡习惯的儿子,所以我断定,这厮一定也是一小男生。

我每早拿出一点儿红枣摆上阳台。他也守信用,每天厚着脸皮准点飞来。吃饱喝足后,挥一挥衣袖,不带走一片云彩。我则躲在门后偷看,享受着我这人类爸爸的爱意。我甚至突然发现,凡事只要一带上偷字,便都有一乐,比如偷笑、偷吃、偷看、偷闲、偷情……

我儿子见到这鸟后,忙着下套子要逮,只是他手笨,没有得逞。被我发现,当即收缴作案工具,并厉声斥责:"你怎么可以随意伤害一只可爱的小鸟呢?他是人类的朋友。""拉倒吧,老爸,在我们家里,鸡吃的比谁少吗?"他回敬我一句。虽然这"鸡"是"又"一"鸟"的意思,但我还是认为,儿子这一代是不承认高尚的一代。

13

喂鸟是幸福的,喂那种食欲特大的鸟尤其幸福。我们家的人就没有一个这样热爱吃饭的。我"喂"起他们来,幸福度不及喂鸟的十分之一。

几天后,待鸟儿吃得心安理得了,躲在门后的人便想出来认个亲戚。那天,见日头很好,估计他的心情也不坏。我把头从门后慢慢浮出,献上早已准备好的笑容,风情万种地送去"秋天的菠菜",希望他能像喜欢红枣一样喜欢这张脸。然而他不友好,在他看我的眼神中,充满着警惕和敌意。我怀疑他读不懂我们人类的笑容,这是令人沮丧的。可笑的是,在他高度戒备地注视着我的当口,还不忘以极快的速度朝枣肉猛叨上一口,然后马上又恢复严肃的盯人状。

我觉得他在耍小聪明,为了不影响他进餐,我只好重新退回门后。最让我生气的是,我一退出,他立马就撅起屁股拉一泡屎以示庆贺。我不知道这到底对我是怎样的一种侮辱。这让我不得不想起我家楼下那条杂毛狗来,人家多看得起我,我只喂过它一回骨头,以后每次看见我,都拼命地摇尾巴,让我无端高贵了许多。

一天周末,我见以往总是孤孤单单的他,身后还跟着一大胖鸟,以为是他的胖太太。心中大喜:成熟得够快的!急忙跑到门后,窥探他人隐私的兴致大发。这胖鸟于我的印象极好,叫声柔和,仪态端庄,吃相颇有教养,在我们人类圈中,这叫淑女形象吧。然而据我在门缝反复观察,这胖鸟不是小家伙的太太,因为他们之间从来不黏黏糊糊,也不见眉来眼去,只是同来同吃,连同归都不常见。只是胖鸟每次吃完后,总要衔上一枚红枣带走——可能是一只母亲鸟吧,且家庭负担不小,带她来的是儿子。这母子俩很少对话,不愿沟通,就像我家那母子俩一样。

什么事情都有个结束。我与鸟儿缘尽的时候,是我出差两天回来后。阳台上红枣已尽,鸟儿不见踪影。我急忙很张扬地摆上红枣,古人植芭蕉以邀雨,如今我摆红枣以邀鸟。鸟儿鸟儿胡不归?

可惜一切都晚了。他们走得干干净净。估计在以后的岁月里,是不会再想我一下了。哪位大师说过,鸟儿是快乐的。他们不贪不占,不赊不欠,即捡即失,只体会当下的快乐,放得下一切的包袱与牵挂,难怪他们轻盈得可以飞。

就是这样,我还是骂他们忘恩负义,骂他们鸟目寸光,骂他们不讲人情。在我人到中年的时候,老婆没能把我甩了,他们却把我给一脚蹬了。

鸟儿子飞走了还有我儿子,他是没办法把我甩掉的,那日,见我在阳台上想鸟,儿子走过来,拍拍我的屁股(他还没有养成宽慰人时拍人肩膀的习惯),说:"算了老爸,别跟破了产似的,不来就不来了,还省点儿红枣呢。"他是好心,以为舍不得红枣就可以宽我的心,其实,他哪知道,我真正舍不得的,是我们蜗居在城市的人那少得可怜的温情和浪漫。只不过鸟儿子和我儿子他们从来都不稀罕这些罢了。

14

心灵体验　鸟儿是快乐的,他们不贪不占,因此我喜欢他们。可他们还是走了,没有一丝眷恋,我却想念。其实,我真真念及的是我们蜗居在城市的人那少得可怜的温情和浪漫。

放飞思维
1. 作者时不时将鸟与人对比,这样写有什么深刻意义?
2. 作者真正要感受的是什么?文中哪些句子能反映?

惩　　罚

◆[美]希区柯克

此后,他们默默地坐着,无话可说。金银花浓郁的香味紧紧地裹着他们,蟋蟀的叫声几乎震破他们的耳朵。

这是一个温暖的初夏夜晚,刺鼻的烟味和金银花芬芳的香味混在一起。小屋后面的柳木花园的草坪里,蟋蟀在单调地吟唱,树蛙在拼命地吼叫。

琳达和乔治默默地坐在阴暗的门廊尽头,他们没有凝视对方,也没有抚摸对方,他们在聆听夜声,已经听了好一会儿了。

最后,乔治终于开口了,声音轻得像在耳语:"琳达,你在想什么?"

"你真想知道吗?"

"我不是在问你吗?"

"我正在想我们做的那个完美的案子,"她轻声说,"我在想汤姆。"

他沉默了许久,然后问:"为什么?"

"我们杀害他的那个晚上,就像今晚一样。"她说。

"别用那个字眼儿!"

"这里没人听见。"

"别用那个字眼儿,琳达,我们说过,不用那个字眼儿的。"

"那是一个和今晚一样的夜晚,"她又说,"你记得吗,乔治?"

"我能忘记吗?"

"那时我们真不该那么频繁见面,"她说,"如果我们小心点儿,他就不会当场

15

抓住我们。但那是一个可爱的晚上……"

"听着，"乔治说，"就是那晚不被撞见，也是早晚的事，我们掩盖不了多久的。"

"那倒是。"

"一切都很顺利，"乔治说，"那晚没有人，我们的计划成功了。"

"乔治！为什么我们那时不一起私奔呢？在那天晚上之前？为什么我们不干脆到某个地方去呢？"

"别傻了！"他说，"你知道我没有钱，我们能到哪儿去呢？"

"我不知道。"

"你当然不知道。"

"假如汤姆不是那么嫉妒的话，"琳达说，"我可以请求他离婚，事情就简单多了，我们也就不会做那种事了。"

"可是，他的嫉妒心实在太强了，"乔治说，"他太嫉妒，他是个傻瓜，我不后悔发生的一切。"

"那时我也不后悔，"她说，"可是，现在……"

"你今晚怎么啦？琳达，你真奇怪。"

"那晚和今晚非常相似，"她第三次说道，"金银花、烟、蟋蟀和树蛙，和今晚一模一样，乔治。"

"别说傻话了。"

琳达在黑暗中轻轻地叹了口气："乔治，为什么我们要杀害他？我们为什么要那么做呢？"

"因为他撞见我们，所以我们那么做。你为什么要这么想呢？"

"那时候，我们说因为我们相爱。"

"是的，这是原因之一。"

"原因之一，"琳达重复道，同时急促地笑了一声，"那时候有这个原因就行了，有这个原因就什么都可以做了。"

"你为什么这么说呢？"乔治严肃地说，"我们完成了一桩完美的谋杀，琳达，那时你也是这么说的——至今没有人怀疑过，他们都认为是意外事件。"

"是的，我知道，我知道他们的看法。"

"那么，你怎么了？"

琳达轻声说："乔治，那样做值得吗？"

"当然值得。我们厮守在一起，我们结婚了，不是吗？"

"是的。"

"我们一直很幸福。"

"我想是的。"

"你总是说你很幸福。"

"你呢,乔治?"

"我当然幸福啊。"

琳达沉默了。远处传来一条狗的吠声,以及蟋蟀的合奏声。最后她说:"我真希望我们没有做那事。"

"琳达,那是一次完美的谋杀!"

"是吗,乔治?真的吗?"

"我认为是的。"

"以前我也这么认为,但现在不这么想了。"

"别这么说。"

她长叹了一声:"我忍不住,我害怕,我已经害怕很久了。"

"没有什么可怕的,"乔治说,"我们不会被抓到,你和我都不会。我们都不会。我们也不会受到惩罚的,不是吗?"

"我们不会吗?"她轻轻地说。

"琳达——"

"没有什么完美的谋杀,乔治,"她说,"我知道,你现在也知道。"

"我不知道!"

"你知道,你知道的,就像我知道一样,我们心底深处,从一开始就知道。我们不是没受到惩罚,乔治——也没有罚够,不过,很快就要结束了。"

此后,他们默默地坐着,无话可说。金银花浓郁的香味紧紧地裹着他们,蟋蟀的叫声几乎震破他们的耳朵。他们不看对方,不碰对方,只默默地坐在阴暗的门廊尽头……回忆……等候……

琳达和乔治就这么坐着,他们已经是 79 岁和 81 岁的高龄了,50 年前,他们做了那桩完美的谋杀案。

心灵体验 希区柯克真不愧是位世界级悬念大师。琳达和乔治的对话掩饰不住心中不安的阴影。生活中的不安与对话中多次提到的幸福形成强烈反差,这惩罚,就这样一直延伸了 50 年。

放飞思维

1. 乔治为什么不让琳达用"杀害"这个字眼儿?

2. 在本文的开始,你认为乔治在想什么?

3. "惩罚"到底指的是什么?

"显性伪君子"和"隐性伪君子"

◆(台湾)李敖

与这种德性相对的,是一种"花枝招展"的影歌星派,他们最喜欢搞慈善演唱会,叫别人捐钱义买,自己却一毛不拔。

耶稣虽然爱人,但对一种人,却痛恨不已,这种人,就是"伪君子"。在《新约》中,我们可以一再看到耶稣痛恨这种人的话。伪君子的问题,对人类说来,是个又老又大的问题。希腊谚语说:"伪君子生着一张总主教的脸,却有着一颗磨坊主人的心。"如果一个人没有总主教的脸,只有磨坊主人的脸,加上磨坊主人的心,这种人,不算伪君子。只有戴上总主教的面具的,才算伪君子。伪君子的可恶,不在他不是好东西;他的可恶,在他不是好东西却冒充好东西。不是好东西只是"真小人",冒充好东西就是"伪君子"了。在品级上,真小人要比伪君子诚实得太多了、漂亮得太多了。

每想到伪君子,我就想起四个故事。

第一个故事是和富兰克林有关的。富兰克林说清教徒从欧洲坐船去美洲,半路上碰到海盗。清教徒是反对战争的,所以不肯打,他们纷纷跑到船舱里,听甲板上打来打去。这时候,忽然一个仆人也从甲板上下来了,清教徒们一起骂他说:"你不是清教徒呀!你怎么不上去打,上去保护我们呀!"

第二个故事是和巴顿将军有关的。巴顿巡视伤兵医院,看到一个小兵,一点儿伤都没有。巴顿问这是什么病,说是得了战争疲劳的毛病。巴顿大怒,给小兵一个耳光,说你是懦夫,你怎么配住伤兵医院,你怎么配和这些受伤的英雄们住在一起?这下子闯了大祸,美国新闻界全体起哄,说将军打小兵,不民主、不人道,是法西斯。结果巴顿被撤职查办,他多年为保卫民主、保卫人道、反抗法西斯的汗马功劳都被歪曲。巴顿大为感慨:原来这些伪君子是他妈这样的!他讽刺说,早知如此,我当时真该吻那小兵才对!

第三个故事是和我自己有关的。萧孟能把他白手起家的发妻抛弃,把15户房地产都过户给别的女人,要跟发妻离婚。我认为感情有变化,要离婚,也是人之常情。但夫妻一起赚的钱,总不能由丈夫一个人独吞,至少该分太太一半,但萧太太始终分不到。后来穷得给人做下女,每月挣8000元糊口。我气不过,要主持正义,陪她去找萧孟能理论,这就是国民党新闻界大加渲染的"捉奸案"。国民党新闻界和所谓"正义之士"骂我不该陪萧太太去找萧孟能,但他们全体坐视这样可怜的女人遭遇这样不公平的待遇,他们的"正义",竟凉薄得一至于此!被骂的时候,我笑着说:"大概我通奸被人捉,大概都不会挨这么多的骂吧?""大概我跑去献花,才能符合他们的正义标准吧?"

第四个故事也是和我自己有关的。我离婚后,接到一张明信片,上面写:"李敖,你这不要脸的爱情骗子,你离婚为什么不付赡养费?希望不良分子杀掉你!"下面是匿名的——这种品级的"正义之士"总是匿名的,只写"一群主持正义的人同启"。奇怪吧?他们主持正义,为什么不亲自动手来杀我呢?为什么要他们看不起的"不良分子"来动手呢?

上面四个故事,可以归纳出伪君子的一个特色,就是:他们都会以离奇的正义标准,去说风凉话——使人恶心的风凉话。不但话是风凉的,还俨然以道德的仲裁人、是非的评鉴人自居,这种伪君子,是好发议论型的,可叫做"显性的伪君子"。

另一种伪君子,伪得比较消极,是以躲避的方法行其伪善的。《孟子》里说"君子远庖厨"(君子要离屠宰场、厨房远一点儿),为的是,看到动物被宰割,君子会"见其生,不忍见其死;闻其声,不忍食其肉"。这样一来,岂不倒了胃口?君子既然不能不吃鸡鸭鱼肉,所以庖厨就不得不远了,这是一种变形的伪善。前一阵子国民党新闻界大登谢东闵参观鹿茸工厂,看到一条条鹿被锯角取血的惨状,说谢东闵表现了仁爱之心。后来得知,谢东闵仁爱过后,还是捧起血杯,大喝起鹿茸之血来了!东闵云乎哉?东闵云乎哉?

我小学时候,在《西风》杂志上看到一幅漫画,画着一位君子,坐在餐桌前面大吃特吃。无意间抬头一望,看到窗外有个乞丐,正在眼巴巴地望着他。他大为不忍,因此站起来,走到窗前,伸出手来把窗帘拉起来了。然后转身回坐,继续大吃特吃了。这种伪君子,就是典型的"远庖厨"派的传人。我说他们伪得消极,因为他们只是逃避,不太唱高调,不是好发议论型。他们的伪善不明显,伪善得很安静,善于"无声的伪善",所以这一型,可叫做"隐性的伪君子"。

不论"显性的伪君子"或是"隐性的伪君子",他们都很注意造型。一个最有名的例子就是汉朝的大臣公孙弘。公孙弘是个坏东西,但在造型上,他为了复兴中国文化,生活得很节俭:穿布衣服、盖破棉被,一派高人逸士的道骨仙风。为了表示招揽人才,他来了好多名堂,像"钦贤馆"、像"翘材馆"、像"接士馆"等等,但到的人,他都给粗茶淡饭吃。最后,他的老朋友高贺揭穿了真相:原来公孙弘外面穿布衣,里头穿貂皮;外面吃客饭,里头吃大餐,完全是个伪善的家伙。中国的伪君子,很多都是曲学阿世的公孙弘派,中国传统认定节俭是美德,所以一个人只要以节俭示人,先天上就不被误为坏蛋。其实这种"布衣破被"型的坏蛋,才是加级的坏蛋,从民意代表到名政论家,从封疆大吏到党国要人,这种德性的可太多了!

与这种德性相对的，是一种"花枝招展"的影歌星派，他们最喜欢搞慈善演唱会，叫别人捐钱义买，自己却一毛不拔。这种以"文化美容"为号召的人，整天打着慈善的招牌做秀，真是伪中之尤。一个笑话说：小茵的爸爸问小茵："你有10块钱，为什么不捐给红十字会呢？"小茵答道："我本来想捐的，可是由卖冰激凌的去捐，不更好吗？"我每次看到脸这样美的，心这样丑，我就想到小茵和她的冰激凌。

心灵体验

金庸的武侠小说《笑傲江湖》中有一位出名的人物——君子剑岳不群，此人名动江湖，却是个隐性伪君子。伪君子者因其伪也，故其隐也。真正的显性伪君子是不多见的，即使有，也要比隐性伪君子"伪"得真实。

放飞思维

1. 就作者观点，请指出"显性伪君子"与"隐性伪君子"的区别在哪里？
2. "中国的伪君子，很多都是曲学阿世的公孙弘派……"其中，"曲学阿世"怎么理解？联系实际谈一谈。

诚 实 无 价

◆李智红

　　许多事实都证明：成功，往往与诚实结伴而行。诚实是一个"好人"最基本的人格要素，也是做人最基本的道德要求。

　　在深圳的职场上，流传着这样一个故事。说是有一位求职者到一家公司去应聘，由于各方面的条件都很不错，他很快便从众多的应聘者中脱颖而出。面试的最后一关，由公司的总裁亲自主持。当这位求职者刚一跨进总裁的办公室，总裁便惊喜地站起来。紧紧握住他的手说："世界真是太小了，真没想到会在这儿碰上你，上次在东湖游玩时，我的女儿不慎掉进湖中，多亏你奋不顾身地跳下水去将她救起。我当时由于忙，忘记询问你的名字了。你快说，你叫什么？"这位求职者被弄糊涂了，但他很快便想到可能是总裁认错人了。于是，他平静地说："总裁先生。我从来没有在东湖救过人,你一定是认错人了。"但无论这位求职者如何解释,总裁依然一口咬定自己不会记错。求职者呢,也犯起了倔强,就是不肯承认自己曾经救过总裁的女儿。过了好一会儿,总裁才微笑着拍了一下这位求职者的肩膀,说:"你的面试通过了,明天就可以到公司来上班,你现在就到人事部去报到吧!"

原来,这是总裁刻意导演的一场心理测试:他口头制造了一起"救人"事件,其目的是要考查一下求职者是否诚实。在这位求职者前面进来的几位,因为都想将错就错,乘机揽功,结果反被总裁全部淘汰了,而这位求职者却在面试的时候,成功地展示了自己诚实的美德,所以轻松地将自己带入成功者的行列。

许多事实都证明:成功,往往与诚实结伴而行。诚实是一个"好人"最基本的人格要素,也是做人最基本的道德要求。诚实是成功的基石,也是一个人走向成功的"路标"。

心灵体验

无论这个故事是不是真的,我们都会相信:诚实的确是一个"好人"所具备的最基本的人格要素,也是做人的最基本的道德标准。

放飞思维

1. 这位总裁招员的标准是以德为先,还是以才为先?说说你的理由。

2. 当今社会有许多现象都反映了一些人道德败坏,读过此文,你有什么感想?

童年的小船

◆[俄]艾列柯娃

"英雄"两字使男孩获得了安慰。"英雄的儿子是不可以哭的。"沃洛佳这样认为,于是他就没有哭出来。

沃洛佳和妈妈住在一个不大的城市里。城市郊区有一个新飞机试飞的机场。城市里住着许多飞行员。沃洛佳经常问妈妈:"飞机为什么会飞?飞机为什么不会跌下来呢?"他非常喜欢提出这类问题,对这些问题连他妈妈也常常答不上来。

有一次,他问:"妈妈,我的爸爸在哪儿?"

他想,妈妈回答这个问题完全不会感到困难的。可是妈妈默不作声。沃洛佳想:"妈妈先得想一想再回答,我等一会儿。"可是妈妈始终没有回答儿子的问题。

与沃洛佳同住一幢屋子的所有男孩子都有爸爸,所以沃洛佳认为他也应该有个爸爸。"真想知道,爸爸来的时候是走路来还是乘公共汽车来,"沃洛佳思考着,"不,都不会的,他一定是乘飞机回来,因为他是位飞行员。"这座城市里几乎所有孩子的爸爸都是飞行员。

春天,街上积满了水,所有的男孩子都在制作小船玩。

"妈妈,给我一只小船吧。"有一次沃洛佳恳求妈妈说。

"怎么做船?我可不会。"

"这儿有块木头。要是你允许我拿小刀,我就自己做小船,但是你总是不准我玩小刀呀!"

"好吧,把你的木块给我,我试一试。"妈妈回答说,一边拿起了小刀。可是妈妈总做不好小船,她就说:

"我还是到商店里给你买一只船好了!"

"不,妈妈,我不要从商店里买的船。"

"你也看见,我不会做船,我做的小船多难看。"

"没关系。"沃洛佳拿起那块用来做小船的木头对妈妈说。

而这一只小船帮助沃洛佳找到了爸爸。一个月以前,对面的住房搬来了一位新邻居——飞行员,沃洛佳几乎没有见过他一面,因为这位邻居整天呆在机场,很晚才回家。可是,有一次沃洛佳生病了,他没有上幼儿园,早晨,沃洛佳到走廊上,见到了这位邻居谢尔盖·伊万诺维奇。

"你好,小弟弟!"谢尔盖·伊万诺维奇说。

"你好!"沃洛佳回答说。他抬头仔细端详着这位邻居。喜欢上了这位飞行员,魁梧的身材,长着一双快活的眼睛,一头漂亮乌黑的头发。

"你叫什么名字?"

"沃洛佳。"

"你为什么一个人独自在这里?"谢尔盖·伊万诺维奇问道。

"我在玩。"

"在走廊里玩吗?为什么不上幼儿园呢?"

"我生病,我的喉咙痛。"

"怎么生病的?是不是在冷天里你玩的时间太长了?"

"不，我吃了雪。"

"我懂啦！"

谢尔盖·伊万诺维奇看见沃洛佳手里拿着一块木头，就问："你手里拿的是什么？"

"一只船。"

"这怎么是船呢？这是木头，来吧，我给你做一条真正的船。"

他拿起一把不大的刀，很快就把船做成了。这是一条多好的船啊！白色的，很漂亮，像条真正的船一样，所有的男孩子都争着看沃洛佳的船，沃洛佳十分得意。

"这么好的船是谁给你做的？"有个男孩子问。

沃洛佳沉默了片刻，然后果断地说："爸爸！"

"撒谎，你没有爸爸。"男孩子说。

"现在我有爸爸了，他回来了。他给我做了这只船，还要做许多的玩具哪。"

晚上，妈妈看到了这只船。她从地板上捡起来，仔细瞧了瞧，然后问道：

"这艘漂亮的船你从哪儿弄来的？"

"爸爸做的。"沃洛佳答道。

"爸爸？"妈妈惊奇地问："哪个爸爸？你没有爸爸……"

"怎么我没有爸爸？有的！连小姑娘都有爸爸，可不是吗，而我是一个男孩子呢。"

妈妈突然默默无语，儿子那双严厉的眼睛凝视着她。她懂得儿子虽小但有着坚决果断的性格，如果他认为自己有爸爸的话，他就不会放弃他的爸爸的。

然而，这一切谢尔盖·伊万诺维奇并不清楚，他只是怀着一颗童心为沃洛佳制作了一只船，他怎么知道沃洛佳决定认他做爸爸呢。

沃洛佳从幼儿园回来总是要问："爸爸在家吗？"妈妈什么也不回答。于是沃洛佳就去敲谢尔盖·伊万诺维奇的门，没有人回答。爸爸不在家。沃洛佳对爸爸经常不在家里已经习以为常了。

有一次沃洛佳病得很重，他又吃了雪。他发着高烧。白天，隔壁的奶奶守在他身边，晚上妈妈才回家照料他。妈妈给他讲了许多动人的故事，给他服药，并常常问他："头还痛吗？给你点儿什么？你想要什么？"但是沃洛佳什么东西都不想要。他在吃冰冷的雪块时，他没想到后来会发烧，会这么难受，他一句话也不说。过了一会儿他突然说："妈妈，去喊爸爸来。"

妈妈站着一动不动。儿子没有看到她的脸色。她可以为儿子去做一切，送给他价格昂贵的玩具，买些美味可口的糖果，甚至可以将自己的生命也献给儿子，但她却不能给他找到一位爸爸。

可是沃洛佳等着她为他去喊爸爸来。她最终还是去了。她朝这个陌生人的家走去,目的是想请他作为自己儿子的爸爸去待上几分钟。

妈妈敲了一下门。

谢尔盖·伊万诺维奇正在桌旁边喝茶边看报。

"谢尔盖·伊万诺维奇,我的沃洛佳喊您做爸爸。我不知道,为什么……他还太小了。"妈妈低声地说。

妈妈一边说着话,这位邻居十分惊奇地听着,这下可把他弄糊涂了,不知该怎么办才好。

妈妈接下去说:"现在他病得不轻,他一直在念叨着您。"

妈妈不再说什么,她等待着这位邻居的答复,可是这位邻居也沉默着,突然,他站了起来,对妈妈说:"我马上就去。"谢尔盖·伊万诺维奇走到沃洛佳跟前问道:"小弟弟,生病了?怎么你又吃雪了。"

爸爸的到来使沃洛佳高兴极了。他们开始交谈起来。

"你飞得很高吗?"

"很高,小弟弟。"爸爸回答。

妈妈到厨房去了,留下他们父子二人。谢尔盖·伊万诺维奇是个单身汉,他从没有过家庭和孩子。他有点儿怕孩子,因为不知道怎样跟他们谈话,可是他与沃洛佳谈起来却感到轻松愉快、无拘无束。他甚至试着给沃洛佳讲述了一个关于飞机和飞行员的真实故事。沃洛佳非常喜欢听这个故事。

谢尔盖·伊万诺维奇向来都跟飞行员和飞机在一起,他已经习惯了,但此刻在他心中,一股新的从未体验过的感情油然而生。他望着年幼的沃洛佳想着:"要是我病了,而不是他,这会更好一些。他年纪太小,难以经受得住。"

时候已经不早,沃洛佳该睡了,谢尔盖·伊万诺维奇想走了。但是沃洛佳拉住他的手说:"爸爸,你不要走!"

"你已到睡觉的时候了。"

"我就睡,可你不要走。"

谢尔盖·伊万诺维奇一直等到看见男孩睡着了,他才离去。

爸爸在家的那些日子,沃洛佳整日待在他身边。谢尔盖·伊万诺维奇总是想方设法满足这个出乎意料地成为他儿子的男孩的一切愿望。

有一次沃洛佳提出一个要求:"晚上你到幼儿园来,我们一同回家。星期六所有的儿童通常都和爸爸一起回家。"

谢尔盖·伊万诺维奇沉默了一会儿然后说:"好,我一定来。"

晚上他们一起走回家,沃洛佳拉着爸爸的手,怀着自豪的神情环顾着四周。城

里许多人都认识谢尔盖·伊万诺维奇并与他打招呼问好,沃洛佳看到这一点非常高兴。一个熟悉的飞行员与他打招呼以后问道:

"儿子?"

"是的,儿子。我们从幼儿园里来。"谢尔盖·伊万诺维奇就这样果断地回答。接着他们继续往前走去,沃洛佳心里感到很幸福。

沃洛佳每天去的那个幼儿园在城市郊区。再往前走,眼前呈现一片田野。飞机场就在离城不远处。机场的生活既有趣又危险。漂亮的现代化飞机从那里起飞一直飞到天际,机内坐着勇敢的富有经验的飞行员。他们在试飞新飞机。飞机飞去了又飞回来,机场迎接它们又将它们送走,天天如此。

飞机起飞和降落的时候,正是孩子们饭后在幼儿园睡午觉的时候。沃洛佳也安静地睡了,因为飞机的噪音并不妨碍飞行员的儿子睡觉。

沃洛佳正在梦中,而他爸爸则飞在天上。爸爸飞得很高,那边的天空已经不是蔚蓝色的,而是黑压压的,在那里甚至白天也能看见星星。那儿空气稀薄,呼吸很困难,飞行员都穿着特制的飞行服在工作。

他完成了应做的一切工作,他通过无线电听见:"好!着陆!"于是他降落下来了。突然他发现右面的发动机开始着火了,他用无线电报告机场说:"右发动机着火。我设法扑灭火焰。"

他思索着,认为高速度有助于扑灭火焰,于是他将飞机俯冲着下去。很快地接近了地面,但是发动机继续燃烧着,浓烟滚滚的飞机开始坠落。飞行员无法控制飞机了。地面传来了命令:"跳伞!"

"我不能跳伞。"他回答说。

"为什么?为什么?我命令你!"无线电里呼叫着。但是飞行员默不作声,他没有时间谈话。飞机正向城郊——幼儿园的所在地坠落下去。他听到了无线电里的命令,但他没有反应。地面上的人们断定他牺牲了,但他继续斗争着,他必须使飞机转个弯,使它不落在房屋上和幼儿园里去。

谁也不知道,一个人在生命的最后几分钟考虑些什么。谁也不能说,谢尔盖·伊万诺维奇在烈火熊熊的机舱内想到自己的儿子,但一个人的行动是他内心世界和感受的最好的说明。

他几乎在飞机十分贴近地面的时候才使飞机转弯。怎么转弯的?这一点无论谁都无法解释清楚。按任何飞行规则,他都不能将飞机扭转过去。然而在这紧要关头,人是不会去考虑规则的,他完成了几乎是不可能做到的事情。但是他已经不能从机内跳伞了,飞机已经贴近了地面。

沃洛佳并没有马上知道谢尔盖·伊万诺维奇牺牲的消息。他只知道有一架飞机在空中燃烧,牺牲了一名勇敢而富有经验的飞行员。然而沃洛佳很小,他并不理解什么叫"牺牲"。

他像平常一样,回到家来就敲敲爸爸住房的门。起初沃洛佳对爸爸不在家并不奇怪,爸爸从前也时常不在家的,可是有一次他向妈妈问起:"爸爸到哪儿了?"

通常妈妈是不搭理这类问题的,但是这次她留神地看着儿子回答说。"你爸爸在试飞新飞机时牺牲了。"

沃洛佳不懂什么叫"牺牲"。他问道:

"那么他什么时候回来?"

"永远也不回来了。"妈妈说。

沃洛佳不信,他又问:"他是乘车去的还是坐飞机去的?"

"他已经牺牲了,"妈妈重复着说,"死了,你懂了吗?他永远也不会再回来了。"

"我怎么办呢?"沃洛佳轻声地说,他已经要哭出来了,妈妈立即说:"你的爸爸是英雄。"

"英雄"两字使男孩获得了安慰。"英雄的儿子是不可以哭的。"沃洛佳这样认为,于是他就没有哭出来。

不久妈妈带着沃洛佳离开了这个城市,来到了住在莫斯科的奶奶家里。现在,沃洛佳已经长大了,已经是能自理的大男孩儿了,他什么都懂了。他知道自己父亲的时间还不很长,但已记在心中,爱着他。他常常凝视挂在墙上的父亲的相片。沃洛佳的面貌完全不像父亲。"可是,要知道儿子不一定长得像父亲。重要的是他要具有父亲的品质。"沃洛佳常常这样想。

心灵体验　是试飞员的父亲很早就已牺牲了,可孩子坚信爸爸的存在。一个偶然的机会另一试飞员闯入孩子的生活,可这位"准爸爸"为了使飞机不致坠落在幼儿园,又随飞机远去了。

放飞思维

1. 小说为何以"童年的小船"为题?
2. 文中很多以叙事者角度看应称呼为"谢尔盖"的地方,却直呼其为爸爸,原因何在?

快把好话说出口

◆刘心武

> 人际之间需要好话。非自我功利目的的好话，在这个世界上不是多了而是还很缺乏。

妻子梳妆完毕，转过身来时，你感觉她很鲜丽，你想赞美一句，可是你怕显得肉麻，你怕妻子不领情，于是你用诸如"'老夫老妻'了，不必再来这个"、"我就是不说，她也不会不高兴"等等"逻辑"把你的喉咙栓塞上，你终于没说……

同事获得了一项荣誉，你深知那确实是他长期努力的结果，你想对他说："这是实至名归……"可是你怕别人认为你是虚伪的奉承，也怕那同事并不需要你这样一个平常人的祝贺，于是话都涌到喉咙口了，你竟又吞了下去……

下属工作出色，你对他的表现很满意，你真想好好地表扬他一番，可是你怕他听了"翘尾巴"，怕从此失去应有的威严，于是你克制住自己，只是按部就班地向他布置了下一个任务……

上司确实有魄力，处理问题正确果断，而且作风正派、身先士卒，你很想在共同享用工作餐时把大家对他的好评，包括你的肯定，直接告诉给他，但是你怕这会被他视为别有用心，怕别的同事视你为"拍马屁"，更怕这会丧失了自我尊严，于是你将话咽了回去……

在楼门口遇上了邻居全家，老少三辈，全体出动，是去附近的小饭馆聚餐，看到他们那和谐喜悦的情形，你想跟他们说几句祝福的话可是你想到人家平时并没有跟自己家说过什么吉利话，又觉得此时此刻人家也许并不会珍视你的友好表示，于是你只是侧身让他们一家走过，轻轻地咳嗽了几声……

在商场购物，你遇上了一位服务态度确实非常好的售货员，当她将你购妥的商品装进漂亮的塑料袋，亲切地递到你手中时，你本想不仅说一声"谢谢"，而且再加上几句鼓励的话，可是到头来你还是没说，因为你想着"我是'上帝'，她本应如此""反正总会有别的顾客表扬她"……

在研讨会上，遇上了你长期的对手，你们的观点总是针尖麦芒般互斥，然而这回他的发言，尽管你仍然不能苟同他的论述，可是他那认真探索的精神，自成逻辑的推衍，抑扬顿挫流畅自如的宣讲，实在令你不能不佩服他的功力，在会议休息饮茶时，你真想走过去跟他说："虽然我不能同意你的观点，可是我的确愿意为了维护你的表达权，而作出最大的努力……"你都走到他跟前了，却又忽然觉得说这种话会徒招误会,而且,你觉得这也实在并不是什么新鲜的话语,于是你开了口,没吐出这样的话,却呐出了几句咄咄逼人的"语带双敲"的酸话……

你错了!都错了!当你面对他者,心头涌现了非自我功利目的、自然亲切、朴素厚实的好话时,你不要犹豫,不要迟疑,不要退却,不要扭曲,你要快把好话说出口!只要你确实由衷而发,确实不求回报,确实充满善意,确实扪心无愧,你就大大方方、清清楚楚地把你那好话说出来,即使遇上了"狗咬吕洞宾"的情形,"好心换了个驴肝肺",你也并无所失,因为你焕发着人性善的光辉,你把好话给予别人,即使是你的亲人,那也是必要的播种,善意、爱意、亲和意向的种子,一般来说,这世上的绝大多数人,是会接受的,这种子落在他们的心田,多半会生出根,发出芽,开出花,结出果……这世界上,除了少数无可救药的恶人,都需要出真心的好话的滋育!想想你自己吧,即使你是那样的坚强,那样的能甘寂寞,那样的不惧怕恶言恶语,到头来,你也还是需要来自他人的好言好语……

当然,善意的批评,恨铁不成钢的讽刺,乃至于义正辞严的训斥,也可以视为广义上的好话;并且,对民族公敌,对贪官污吏,对社会渣滓,不存在跟他们说好话的问题,至于腹藏剑而口涂蜜,阿谀奉承,巧言取利,甜语凑趣……自然不能算是真正的好话。不过这都不包括在我议论的范畴内。我仍要强调,即使是日日"司空见惯",已被柴米油盐酱醋茶消磨了浪漫的夫妻,如果在一霎时忽有好话涌上心头,你赶快把它说出口,不仅绝不多余,甚至会成为携手共度岁月的重要黏合剂!

人际之间需要好话。非自我功利目的的好话,在这个世界上不是多了而是还很缺乏。现在那清爽自然如同甘泉的好话涌上了你的心头了吗?请你快快说出口!

心灵体验

当对方的行为的确很美时,只要你是由衷的赞美,请你说出口!别那么压抑,瞻前顾后,畏缩不前对双方都是伤害!想想你自己吧,即使你是那样的坚强,那样的能甘寂寞,那样的不惧怕恶言恶语,到头来,你也还是需要来自他人的好言好语……

放飞思维

1. 生活中的你,曾遇见过类似的想说出口的事情么?谈谈你的感受。

2. 当你不幸遇上"狗咬吕洞宾"时,你会如何?

一路平安

◆谢志强

他拉开车窗,伸出头去。夜间的清新气息扑面而来。他望着站台攒动的人头,心想:那个"同病人"一定也在其中。

他指着空位,问空位对面的中年男子:

"同志,这里有……有人没有……"

中年男子摇了摇头。

他欣然落座。

列车启程时,他晃晃随身带着的扇形茶叶罐:

"来……来点儿吧?"

中年男子举起茶杯,表示:已经有了。

他朝中年男子笑笑,呷了一口茶,心里泰然了。他是第一次单独出差,因为他口吃得厉害,平时不肯出门,这次,厂里人手紧,他只得硬着头皮上路了。

车厢里,一片静谧,前前后后的座位,都由睡意笼罩着,此起彼伏的鼾声更加浓了这气氛。他脑海里一个闪电:不要乘过了站。

"现在是……啥……地方?"他问中年男子。

中年男子把脸偏向一侧,并排的一位青年说:

"谁晓得呢?已经误点误得没数了。"

他看过列车时刻表,到达 A 市站正点是半夜两点。现在 1 点 45 分。他茫然了。

当中年男子正过脸来时,他又问他:

"同……同……同志,A 市……市站到……到了没有?"

中年男子好似没听见而未回答,却去掏香烟吸起来,弄得他俩之间的空间烟雾朦胧。倒是并排坐的青年愤然说:

"你这人,人家问你,怎么老是不回答?!"

他生怕引起摩擦,示意青年:"算了……算了。"不过他想,现在到底人心不古啦。

中年男子拉开车窗,将残茶倾倒出去了,然后,打开小拎包,将毛巾、茶杯、杂志一一装入,又撕出一页空白纸,摘下衣兜插着的圆珠笔,在桌上疾书起来。

29

车速减缓了,一声高昂的长鸣。

"你在……这……这站……站下?"他客气地问中年男子。

中年男子点点头,蛮和气,接着起身。

小站,灯光昏暗。列车停了下来。

青年冲着中年男子的背影,说:

"这号人看上去倒像模像样。"

他想:从现在起,绝对不能再打瞌睡了。他随手端茶杯,却发现,杯子底下压着一张字条:

同志:不怕见笑,我也有口吃的毛病,而且,一急,话语打结得更厉害,我担心我回答你时,口吃会造成你的误解,以为我在取笑你……

他拉开车窗,伸出头去。夜间的清新气息扑面而来。他望着站台攒动的人头,心想:那个"同病人"一定也在其中。

心灵体验

"同病人"真的是同病相怜,他怕自己的"病"会引起一场不必要的误会,只好置若罔闻,不说一句话。这种替对方着想而宁愿被他人指责的道德风范,值得我们敬重!

放飞思维

1. 文中两次描写青年起到什么样的作用?
2. 文中的"他"最后有什么样的感慨?

珍稀动物是怎样消失的?

◆佚 名

马克·达里,一位皇家动物保护协会的检察官,谴责这种把爬行动物和两栖动物作为宠物来饲养的行为。

这是2月的一个寒冷的早晨,两名英国动物保护协会的检查人员来到了设菲尔德庄园的会议厅,跟随他们的是身带搜查证的警察。没有花多长时间,他们就发现了要找的东西:两条加蓬毒蛇、三条鼓腹巨蝰、两条响尾蛇和一条铜斑蛇。毒蛇就简单地关在楼上卧室的普通玻璃饲养房里,主人没有任何饲养许可证。

一夜之间,英国人对爬行动物着了迷,他们不再对狗、猫和兔子感兴趣了,转而将大把的钱花在这些爬行动物身上——蛇、鳄鱼、蜥蜴、青蛙……英国每年要进口100多万条活的爬行动物和两栖动物。

这种情况不仅发生在英国,欧盟的动物进口量占到了世界第二位,而美国10年来动物交易量增加了20倍!

这还仅仅是合法的贸易。现在已经有人利用人们对珍禽异兽的需求来赚钱,买卖起濒危动物来。国际贸易公约严格禁止此类交易,但违反这些规则就如同在伦敦公交车上逃票一样容易。

最为严重的是,非法买卖动物和动物栖息地的丧失交织在一起,导致了大批物种消失。

以下这令人心碎的一幕在世界各地上演:一只毒箭蛙静静地坐在哥斯达黎加的一片树叶上,它身上那色彩鲜明的黄黑斑点就像珠宝一样鲜艳;然后在伦敦的一座小公寓里,你看见它气息奄奄地缩在一个玻璃罐里,慢慢走向死亡。

目前已有103种爬行动物种群和58种两栖动物种群正受到死亡的威胁。它们当中包括印度尼西亚的科莫多龙——世界上最大的蜥蜴和最后的史前返祖动物(黑市价为2.5万英镑一条)、马达加斯加树蟒(1000英镑)、中国的扬子鳄(7800英镑)……在动物园里,你已很难看到它们的踪影,而只要花几千英镑,你就可以在黑市上买到一条。

根据国际刑警组织的报告,全球非法野生动物买卖每年至少有40亿英镑的成交量,是仅次于毒品交易的世界第二大地下贸易。买卖濒危动物的利润可高达2000%——与走私烈性毒品的利润一样高。

但是二者之间有一个最大的区别。"在西方,烈性毒品交易达到100万英镑就肯定要面临重刑,"国际刑警环境犯罪部队的特警说,"而价值100万英镑的动物交易,可能只面临罚款。"奸商们偷偷订货,四处追猎这些珍奇动物,使它们无栖身之地。有时动物们被故意混装在合法动物品种的板条箱里,甚至与毒蛇装在一起,好阻止海关官员的检查。

"这种经历是很痛苦很可怕的,"罗尔福·西蒙,一位德国高级海关特警说,"90%以上的动物死于运输途中。它们或是遭到野蛮装载,或是渴死,或是互相咬死,或是飞机延迟时死于过热或过冷的停机坪。最近,在法兰克福机场,我们发现3只来自加纳的木制箱。当我们检查这些箱子时,发现了200只死龟和30只死蜥蜴。它们被紧紧地塞在一起,相互挤压着窒息而死。如果30只蜥蜴活下来的话,价值将高达10万英镑。"

西蒙说,一旦爬行动物染上了西方的病菌和寄生虫,它就几乎没有生存下来的可能了。即使它能活着回到栖息地,也会变成同类里传播疾病的危险动物。罗尔福·西蒙谈话时极力压制着对那些非法买卖动物者的愤怒。"我们知道他们是谁,"他抱怨说,"但是他们躲在自己的住地时,我们奈何不了他们。"

在西非喀麦隆的林贝镇,动物买卖商保罗·苏里文得意洋洋地走进了一家餐馆。他雇用了一些当地的小伙子,陪他到动物栖息地去把精选出的爬行动物分开。许多动物甚至在它们开始旅行之前就已经残废或死掉了。

在托运珍稀美丽的巨人蛙时,苏里文把它们紧紧地包裹在一起,致使10只蛙在运输途中都死掉了——由于皮肤吸收了自己的排泄物中毒而死。

去年2月,苏里文正在把禁运动物偷运到美国时,被秘密警察当场逮住。他被指控犯有几项罪行,但只被判坐牢70天。现在苏里文又回到了非洲,继续从事动物交易,并过着奢侈的生活。他强烈否认自己违反了任何法律,"动物买卖利润巨大,"他说,"成百上千的当地人靠此谋生。在一个第三世界国家的人看来,这些动物是一些毫无价值的东西。"

有一个极好的例子可以说明物种是如何慢慢被毁灭的。几年前,有一种极为珍贵的犁头龟,它是一种有着棕黄色斑点的爬行动物,在黑市上一只价值1.5万英镑。所以它一直遭到捕猎和偷窃,如今已不足1000只了——这个数量很难维持这个物种的生存。

但对大多数奇异动物收集者来说,这一切就是合情合理的。在最近的一次荷兰爬行动物博览会上,英国的购买者成批出动,他们迷恋狼蛛和毒蛇,迷恋那些在国际贸易公约里受保护的动物。

马克·达里,一位皇家动物保护协会的检察官,谴责这种把爬行动物和两栖动物作为宠物来饲养的行为。"每个人都想要新奇的、与众不同的东西,"他说,"但是只有专家在装备优良的场地才可以饲养这些珍奇异兽。"

杰生·米勒,21岁,一个热衷于收集宠物的人。他在伯恩茅思(英国)整洁的家里养了一条澳大利亚水龙、六条地毯巨蟒、几条孙鲽蜥蜴、三条褶边蜥蜴、一只夜行蜘蛛、一条雄性大蛇以及各种壁虎,他对此已上瘾。

他没有违反法律,但他什么时候才会停止购买这些动物?"直到没有任何我想收集的动物为止。"

只要有需求存在,就会有供应。对于动物收集者来说,这可能只是一种珍稀的蜥蜴;对于买卖这些珍贵动物的奸商们来说,这是一大笔金钱;对于跟着混饭吃的人来说,这是深入丛林中的一次旅行——那是一块珍稀物种正在慢慢消失的丛林;而对于野生动物协会的官员来说,他们要做的就是努力取缔地下动物买卖市场。

"人们注意到一些物种正处在灭绝的阶段，"该协会官员哥特兰说，"但他们不知道，每一只青蛙、每一条变色龙、每一条蛇的消失，都在使我们人类走向自绝之路。"

心灵体验

社会进步了，科技也发达了，可人与自然的关系却越来越紧张了，利令智昏使那些牟取暴利的人肆无忌惮；他们为何不知，我们人类与其他物种是相互依存、相互发展的啊！

放飞思维

1. 你认为"珍稀动物消失"的罪魁祸首是什么？为什么说它是罪魁祸首呢？
2. 保护这些珍稀动物最有效的方法是什么？谈谈你的看法。
3. 如果你是一个有志于环境保护的政府官员，面对这样的问题，你将采取怎样的措施进行遏制呢？

最美是百合

◆于德北

天空灰暗的时候，没有人会发现百合花美丽；
但阳光一出来，满坡的百合花最鲜艳！

那是许多年以前的事情。

曾有一段日子，我和妻子的生活陷入了困境。那时，我的工资收入只有72元，而妻子没有工作。最不知深浅的要算妻子肚子里的宝宝了，他已茁壮地长到了8个月，在我们的日子最缺少色彩的时候，他强大的胎音使我们义无反顾地握紧了生活的画笔。

在朋友们的帮助下，我和妻子开了一个小书店。

说我们的书店小，一点儿也不夸张，因为它只有5平方米，靠墙放了一个书架之后，余下的地方只允许我们再摆放一张小学生用的课桌。

我们请了一个帮工。

她叫阿纯。

阿纯在一所中专读书。我们开书店的时候,阿纯正好放假,她不想回家了,就主动提出要来给我们帮忙,并讲好,她只想借此机会多读一点儿书,工钱她是不要的。

我和妻子都不答应。但阿纯坚持己见。

最后,妻子和她讲定,暂时不拿工钱也行,搬过来和我们一起吃住,多少可以节省一点儿。

阿纯想了想,点头答应了。

说实话,我和妻子觉得,在这种时候,不但我们的小书店真的需要一个人帮忙,似乎连我们的生活也应该出现一个"帮工"了。阿纯的进驻,使我们的小家增添了许多笑声。

阿纯是一个爱笑的女孩,我和妻子都怀疑她的嗓子眼儿里是不是挂了铜铃?

阿纯总和妻子说悄悄话,有时,她俩一边说,一边有意地提防着我。

听妻子说,阿纯和她的悄悄话大多是谈论女人的化妆、穿戴,并没有什么秘密。

阿纯总对妻子说:"商店里有一种百合花布,你做连衣裙一定好看。"

妻子看着自己一天大似一天的肚子,笑着摇摇头。

阿纯说:"等生完宝宝再穿嘛!"

阿纯用很美丽的语言形容那些比她的语言美丽的百合花。

她说:"不信你去看一看。"

经不住阿纯的一再诱惑,妻子挺着大肚子去了商店。她看到了那种百合花布后怦然心动。她在柜台前站立了许久,但她的手没有伸进口袋。她低下头,匆匆地离开商店,一语不发地回家了。

一个下午,妻子也不多说话。

阿纯好像自己犯了什么错误,不知怎么安慰妻子才好。

做一身连衣裙的布料价钱,等同于我们一个月的生活费,妻子的选择再简单不过了。

妻子说:"也许有更好的呢,等孩子生下来再说吧。"

阿纯看看我,轻轻地转过头去。

我们的小书店如期开业了,在一条小巷的入口处,妻子和阿纯守护着这一隅小店,像守护我们最后的精神家园。可以说,小书店的生意是不错的,因为我们选的店址距离两所学校和一个大工程局非常近,来租书看的人还真不少。收入最多的一天,小小的钱盒里装了17元钱。

我们的高兴劲儿可以想像。

一个月的时间过去了,阿纯要回校上课了,妻子也要临产,小书店刚撑起门面,就面临停业了。经过盘点,这一个月,我们竟收入了182元钱!

我和妻子坚持拿出91元钱给阿纯,算她的工钱。阿纯推辞再三,收下了。她小心地把钱装进一个信封,又把信封夹在书里,然后把书放到书包的最里层。

我们的日子又相对平静了。

转眼20天过去了,妻子住进了妇产医院,有一天,我回家取东西,门卫室的大爷拦住了我,他交给我一个小包袱,说,是一个女孩送来的,让交给我妻子。

妻子打开小包袱,里面是那块百合布和一个小手铃。

阿纯在信里说:"大姐,我要去秦皇岛基地实习了,这块百合花布是用我自己的'工钱'买来的,送给你,希望你收下。天空灰暗的时候,没有人会发现百合花美丽;但阳光一出来,满坡的百合花最鲜艳!祝你生一个健康的、又白又胖的宝宝!"

我发现妻子坐在那儿,眼泪一滴一滴地渗入叠得十分整齐的花布里。

心灵体验

有那样一个叫阿纯的女孩,她的举动和话语一如她的名字,清纯如诗。在那段灰暗的日子里,我们无暇顾及生活的美好,当我们走出贫穷时,那满坡的百合花正向我们微笑!

放飞思维

1. 为什么作者细细描写阿纯收起钱时的动作?
2. "阿纯用很美丽的语言形容那些比她的语言美丽的百合花",你怎样理解此句传达出来的深意?

小贩的葬礼

◆[美]约瑟夫·P·布兰克

华思一生自食其力。他只希望自己下葬时有几个人来送殡。其实,他施舍的恩惠远远超过了他所要求的。

1971年2月3日上午,牧师离开教堂到墓地去,心想也许最多只有五六个人出席赫伯特·华思的葬礼。天色阴沉,还刮着风,眼看就要下雪了。

两天前,停尸所一位执事打电话给他,说华思没有亲人,尸体也没有人认领,

35

希望牧师去主持葬礼。牧师从不拒绝这类请求。而现在他正不知道待会儿应该说什么好。华思不属于他的教会,也不属于任何教会。

牧师只知道这老头儿是一个卖家用杂货的小贩,牧师太太跟他买过擦碗布。他身材瘦小,灰白头发梳得很整齐,对人总是彬彬有礼。

谁会来参加这么一个人的葬礼呢?

形单影只

华思已经73岁,身高只有1.5米左右,体重不到45公斤。他没有亲人,没有朋友,孤零零住在一幢木屋里。

从27岁起,华思就一直挨家逐户地兜销杂货,最近20多年,他每星期至少有6天在街上奔走。他手里提着两个大购物袋,里面装满面巾、碗碟抹布、端锅布垫、擦锅砂纸、鞋带。每样东西都只卖25美分,惟有花哨的端锅布垫卖5毛钱。布垫是他邻家一个十几岁女孩手织的,他替她卖货但不拿佣金。"我从批发商那里买不到这么漂亮的布垫呢,"他对女孩说,"有这些布垫卖,我对顾客的服务就周到了。"

他每天早上8点半钟左右出门,踏上仔细考虑过的路线,八九个钟头后回家。他从来不当自己是小贩。"我是推销员,"他对主顾说,"做买卖懂得运用心理学。我只卖顶刮刮的货色。我的路线是研究过的,每年到每户人家三趟,不多不少。这样才不惹人家讨厌。无论你买不买东西,我一定说谢谢。我要大家知道我是懂规矩的。"

他提高嗓子叫喊着:"今天要不要端锅布垫?买一块漂亮的红手帕给小弟弟吧!"之后,总希望跟人家聊聊天,解解闷。他喜欢谈他母亲,而他过去一向孝顺母亲。天气暖和的那几个月里,他每个星期天都到公墓去,在母亲墓前献上一束鲜花。那墓碑是双人用的,留了空位用来刻上他自己的姓名和生卒年月。1968年3月,他给自己挑选了一具灰色棺木,又预付了丧葬费用。

华思一直有一件憾事:"我年轻时应该结婚。没有家,生活真寂寞。找一个亲人都没有。"不过他只是说说罢了,并不是要人家可怜他。

然后,他提起购物袋,半走半跑地匆匆往另一户人家去了。无论是在热得满头是汗的夏天,或者在冻得他流眼泪鼻涕的冬天,这个瘦小驼背的老头儿从来不改变他的步速。

他以礼待人,然而偶尔还是有人觉得他讨厌。有些家庭主妇因为忙不过来,即使看见他跑上门来了,还是决定不开门。可是这些家庭主妇事后往往感到内疚,在他下次来时便格外多买一些东西。

大家都喜欢他,因为他能够自食其力。最多是在大热天向人要一杯冷水。他也从不向邻居推销,如有邻居要问他买东西,他就说:"希望你当我是街坊,不是站在你门口的推销员。"

他常常替人家扫树叶、铲雪,而且做这类吃力工作时也总是尽心尽力。"我手脚也许慢一点儿,但从不马虎。"他得意地说。

突然去世

华思每天傍晚回来,都会在他家附近的加油站坐一阵,聊聊天,吃一杯香草冰激凌,同时把口袋里的零钱换成整票。"我不抽烟,不喝酒,就喜欢吃香草冰激凌。"

回到家,他自己做晚饭,通常是罐头鱼、罐头蔬菜和涂了厚厚花生酱的面包。然后他一面听着收音机播放的古典音乐。一面仔细地打扫房子,浆洗衣服,擦亮皮鞋。

他每个星期六上午都走过18个街区到一家超级市场去买他爱吃的面包。他买了一星期的生活必需品回家,便又上街叫卖去了。

1月30日星期六,华思将几条车道的积雪铲清之后,跟平时一样到超级市场去。但是在等面包送到的时候,他悄无声息地倒了下来,去世了。

那天,邻居听到他死亡的消息后,都立即放下了工作,沉默良久。谁都没听说过他有病,大家都不相信这小老头儿竟然就这样过去了。

两天后,华思的名字在报纸讣告栏里出现。他的顾客打电话彼此询问:"是我们的华思吗?"

"我一定去。"

一位检察官太太打电话问停尸所的职员:"你们对于无亲无故的人怎样安排葬礼?"

"我们会找牧师来祈祷,"那职员回答,"派两三个人送灵柩到墓地并参加葬礼。尽力而为就是了。"

"华思下葬时如果没有熟人在场,那就太凄凉了,"这位太太心想,"会有熟人在场的,我一定去。"许多认识华思的人也都打定了同样的主意。一位寡妇告诉邻居:"不得了了!华思死了!"

邻居说:"我昨天还想到他呢,打算等他来就买几块抹布。"说着就哭了。

"他什么亲人都没有,"她的朋友说,"一个都没有。你和我一定要去。"

葬礼之前一天,《明星报》一位记者写了一段关于华思的讣告。这位记者访问过华思,写他的小贩生活。他在讣告中提到,华思告诉过他,就怕将来死了没有人

送殡。华思的许多顾客都知道他去世的消息。那天晚上，左邻右舍都在谈论华思，怀念华思，想起他生前多么寂寞。突然之间，每个人都想起自己也经历过寂寞。大家想起华思曾担心死后没人送殡，人人都心里难受。许多人决定无论如何都要参加葬礼。

一位不久前发过心脏病的汽车商，记得有一次他的车子在车道上陷在雪里不能动，而医生吩咐过不准他铲雪。忽然间华思来了，把雪铲清。汽车商对太太说："我要去参加华思的葬礼。"他的太太点点头说："我也要去。"

人山人海

对这些人来说，参加华思的葬礼只是尽个人义务，所以没有向别人提起。男人照常离家上班，没想到在墓地碰到太太。许多中学生和大学生请假而来，结果要向他们的父母点头打招呼。

男女老少，穷人阔人，9点钟就开始陆续来到墓地，比预定举行葬礼的时间足足早了一个钟头。

貂皮大衣、喇叭裤及破旧布袄混杂在一起。穿制服的军人和穿深色衣服的商人在面积220公顷的公墓里大步走向华思的墓地。有的老年人还拄着拐杖，拖着疲乏的双腿一步一步前进。卡车司机、计程车司机和送货工人把车停在公墓外面，步行将近1500米到达墓地。年轻的母亲抱着小宝宝，惟恐小宝宝受到凛冽寒风的侵袭。

街上车辆拥挤，牧师的车开到离公墓还有两个街口处就被众人挡住，再也无法前进。他只好绕路从另外一个入口进去。公墓里面，职员在狭窄的道路上指挥车辆。牧师糊涂了，怎么都想不起今天究竟是什么知名人物下葬。他停好车，步行到墓穴旁边，这才恍然大悟：这些人一定都是来给华思送葬的。

"我们全体职员都出动了，设法维持秩序，但是没有用，"公墓经理后来说，"汽车一定不少于600辆，谁也不知道停在更远处的还有多少，更不知道有多少人因为无法驶近墓地只好离去。"

肃然起敬

印第安纳史迹基金会总干事布朗也认识华思，怕没人参加华思的葬礼，便决定自己去一趟。他和别人一样，看到墓地里竟人山人海时，不禁大感意外。他忽然想起墓地里历史悠久的永别亭，上面有座5层高的钟楼，楼顶挂着古钟，不久前刚刚重新系好绳索。这口钟可能40多年没有敲过了。他走到钟绳旁边抓住绳索,使劲一拉,敲出清晰的钟声,3公里外都能听到。他足足敲了半小时,双手都起了水泡。最后,他敲起丧钟:一声声隔得很久,响得很长,充满哀思。

10点半钟,雪片纷飞,牧师缓缓扫视着周围的逾千群众,发现这些人情真意切。他们来参加华思的葬礼完全是因为想送挚友最后一程。他讲了一篇简短而真挚的悼词:"华思做梦也没想到他有这么多朋友。如今人情冷淡,不过今天上帝一定很高兴。"

祈祷结束后,群众还是流连不去。志同道合的感觉使陌生人变成了朋友。有些人很兴奋,有些人很满足,每个人都因为来这里而觉得欣慰,没有人急于离开。"那天华思使大家有了同感,"一位商人后来说,"他使我重新对人类肃然起敬。"

华思一生自食其力。他只希望自己下葬时有几个人来送殡。其实,他施舍的恩惠远远超过了他所要求的。

心灵体验　华思一生自食其力,没有乞求别人,有的只是爱心的给予。因此,当他担心死后无人送殡时,人们记住了,他死后这些人山人海的送葬人,满足了他这一遗愿。

放飞思维
1. 谈谈你对"他使我重新对人类肃然起敬"这句话的理解。
2. 请你联系本文谈谈对"以心换心,以爱换爱"这一句话的理解。

有一种美德叫微笑

◆赵俊辉

　　就是那微笑如甘霖一样滋润着我快枯涸的心灵,让我重新找到了自信。

在小城,很少见到有人主动给妇孺老人让座的。我曾见过一个10来岁的小女孩给一位老大爷让座。小女孩拉着老大爷的手甜甜地让老大爷坐下。老大爷心安理得面不改色地正襟危坐,而小女孩则吃力地扶着座椅。车上不时有人上下,所以没多久,小女孩就满脸涨得通红。我有点儿愤愤不平,把小女孩拉到我的座位上坐下，然后满脸微笑地走到老大爷面前，故意说："您刚才说什么来着？"

老大爷有点儿惊异地望着我，说："我没说什么啊！"我大声笑着说："是这样啊！我还以为您对小女孩说谢谢呢！"老大爷不好意思地把脸扭了过去。给别人让座不需要回报，但请你一定要给别人一个微笑。

那年，我读初中，成绩极差，成天被老师批评得够呛，以致对学习提不起半点兴趣来，可能是从小没有受到老师的什么优待，所以对老师有一种恐惧感和憎恶感。当同学们为新来的女班主任欢呼雀跃时，我却嗤之以鼻。所以我一如既往地我行我素：上课看小说，作业敷衍了事。那次课，新班主任大发雷霆，说我们的作业做得一塌糊涂。我无动于衷地听着，类似的批评见多了，见怪不怪了。没想到那些优生也被列入了黑名单。新班主任说他们没什么大的进步。我有点儿幸灾乐祸，呵呵，你们也有今天。更没想到，我的名字会在教室里响亮开来，不是批评，是表扬。说我一些题目回答得很有创意。我懵了，这些题目，我是不假思索瞎蒙的，怎么变成了富有创意呢？我抬头，看到了新班主任满脸的笑靥向我扑面而来，我躲避不及，我无法形容我的心情是激动还是高兴，反正我只觉得脸颊上火辣辣的，头埋得很低。我第一次不敢正视老师的目光。但我仍能感受到她那绝不同于以前那些老师的笑容包围着我，我还听到她软软的柔柔的但又不容置疑的声音：你很聪明，别的同学没想到的，你却想到了。

就是那微笑如甘霖一样滋润着我快枯涸的心灵，让我重新找到了自信。

其实，微笑是很容易的事情，比如对春天的花朵微笑，对迎面而来的风儿微笑；微笑也是很体面的事情，比如对素不相识的人微笑，对别人讽刺的眼神微笑。

微笑，是带着体温的一抹阳光，是洗濯心灵的一泓溪水。微笑，不应只是一种表情或做作，它更应是一种修养，一种品格，温暖自己的人生，美化别人的生活。

心灵体验

老大爷接受让座本无可厚非，但他忘了最起码的尊重；成绩差且不被老师重视的"我"，因为新来老师那真诚的微笑让我扬帆奋进。微笑，其实是很容易的，但她的潜意思里有着更丰富的内涵。

放飞思维

1. 老大爷在接受让座之时说话没有？你对此有何看法？
2. 为什么说微笑是一种美德而不只是一种最起码的尊重？

猴子的故事

◆ 梁漱溟

> 其实只是自欺，只是一种自圆其说。智慧的优长或贫乏，待看他真冷静与否。

人类顶大的长处是智慧。但什么是智慧呢？智慧有一个要点，就是要冷静。譬如：正在计算数目，思索道理的时候，如果心里气恼，或喜乐，或悲伤，必致错误或简直不能进行。这是大家都明白的事。但是一般人对于解决社会问题，偏不明此理。他们总是为感情所蔽，而不能静心体察事理，从事理中寻出解决的办法。

我想说一个猴子的故事给大家听，在汤姆逊科学大纲上叙说一个科学家研究动物心理，养着几只猩猩、猴子做实验。以一个高的玻璃瓶，拔去木塞，放两粒花生米进去，花生米自然落到瓶底，从玻璃外面可以看见，递给猴子。猴子接过，乱摇许久，偶然摇出花生米来，才得取食。此科学家又放进花生米如前，而指教它只需将瓶子一倒转，花生米立刻出来。但是猴子总不理会他的指教，每次总是乱摇，很费力气而不能必得。此时要研究猴子何以不能领受人的指教呢？没有旁的，只为它两眼看见花生米，一心急切求食，就再无余暇来理解与学习了。要学习，必须两眼不去看花生米，而移其视线来看人的手势与瓶子的倒转才行。要移转视线，必须平下心去，不为食欲冲动所蔽才行。然而它竟不会也。猴子智慧的贫乏，就在此等处。

人们不感觉问题，是麻痹；然为问题所刺激，辄耐不住，亦不行。要将问题放在意识深处，而游心于远，从容以察事理。天下事必先了解它，才能控制它。情急之人何以异于猴子耶？

还要注意：人的心思，每易从其要求之所指而思索办法；观察事理，亦顺着这一条线而观察。于是事理也，办法也，随着主观都有了。其实只是自欺，只是一种自圆其说。智慧的优长或贫乏，待看他真冷静与否。

心灵体验

"淡泊以明志，宁静而致远"道出了智慧的真谛。真正的智慧是冷静，是不急于求成、不为眼前利益所动的大冷静，智慧就是非为得一鱼，而是寻求渔猎的方法。

放飞思维

1. 猴子其实也很聪明的，可它不受驯的实验又道出了人类的哪些缺陷？
2. 本文的论点是什么？你能用一句或几句话概括出来吗？

横平竖直好一个"正"

◆孙祥虎

世间的任何事和人都在沿着"正"的轨迹向前发展，倘若我们每个人都能做到问心无愧，那么任何脱离了真、善、美的假冒伪劣、邪恶阴谋还会滋生吗？

也许出乎仓颉造字的原始创意，或是现代人简明的共识，不知什么时候开始，人们在统计选举票数时常常用"正"字来计算。肯定地说，这是汉字功能的一个延伸，一个"正"就是五票。一五得五，二五一十，人们就这样计算，直观又方便，形象又具体，也非常有中国特色，而且蕴含着更深层次的意义。

好一个"正"字，笔画简洁，横平竖直，规规矩矩，没有点、钩、弯的城府，也没有折、撇、捺的算计。"真、草、隶、篆"难掩其本色，美术加工也不变"尊容"，而为人处世的道理正好与此相通。在人生道路上就要坚持"正"，就是品行要端正，老实做人，踏实工作，认真做事。这些话说起来简单，但真要做到并始终坚持却不那么容易。人生道路曲折崎岖，有许多坎坷，有许多岔道口。特别是当你春风得意时，金黄色的、玫瑰色的，各种诱惑更是无处不在地向你招手、抛媚眼，千方百计拉你偏离这个"正"。

在选举计票时，"正"的一笔笔横和竖叠垒起人们的信任与希望。得"正"最多者就要当官从政。古语云：政者，正也。从政者必须以"正"为灵魂。理想要正，目标要正，做人要正，干事要正，绝不能搞歪门邪道。另外，有不少带正字的词组，也特别值得记住，应该遵循，如端正、纯正、公正、正大光明、正人君子、刚正不阿、清正廉明……

生活中恰恰有人当初也获得了较多的"正"字，但后来慢慢地忘了给他"正"的人们，忘了人们对他"正"的希望，走向了正的反面。这样的事例已屡见不鲜，也着实让人心寒。

其实，不但当选者应该对得住这个"正"字，投票者又何尝不该认真对待这个"正"呢？你的一票就是"正"上的一笔，有了你一笔、他一笔才有了一个个完整的"正"。因此，任何一笔都是至关重要的，切勿随意。

人的一生中会碰到无数次各种各样的选举，无论是选举人，还是被选举人，都该对得住这个"正"字。然而，人生在世更多的时候，是要写好自己心中的"正"，看一看"正"在你心中上一横是不是天，下一横是不是地，中间一竖是心放没放正，小横是手不要伸得过长，小竖是腿，要站得直才能立得住。世间的任何事和人都在沿着"正"的轨迹向前发展，倘若我们每个人都能做到问心无愧，那么任何脱离了真、善、美的假冒伪劣、邪恶阴谋还会滋生吗？

心灵体验

一个"正"字多么简洁而又形象！横平竖直，铿锵有力！它又赋予我们太多的含义。上横与下横，中间大竖与小竖，还有那中间一小横的比喻，其含义多么贴切而又生动啊！

放飞思维

1. 本文从"正"字引发从政者应具备的灵魂，从中你感悟到了什么？
2. 得"正"者当然表示投票者的信任，文中为何强调选举人也应该对得住这个"正"字？

丑陋的鸡

◆朱家贤

人与人之间，我们需要更宽广、更高层的全面观点，也需要理解包容的襟怀，才能平衡整体、考量通盘，避免许多可能出现的失衡及憾恨。

有位养鸡场的主人，向来讨厌传教士。因为他觉得有太多的传教士讲的是一套，做的又是一套，尤其是有些人，满口仁义道德，私底下却干些见不得人的勾当，更让他义愤填膺、咬牙切齿。为了满足"替天行道"的正义感，养鸡场主人有事没事，专喜欢信口散布传教士的坏话。

有一天，有两个传教士上门，说要买只鸡。生意上门，总不好往外推，主人让他们在偌大的养鸡场里挑了半天，没想到他们却挑中了一只毛掉得差不多，秃头又跛脚的公鸡。主人奇怪得很，便问他们为何要买这只丑陋难看的鸡？其中一位传教士回答："我们想把这只鸡买回去养在修道院院子里，路过的人看见了要问起的话，我们就说这是你的养鸡场养出来的鸡。"

主人一听，急了，连忙摇手："不行不行！你们看看我这养鸡场里面的鸡，哪一只不是养得漂漂亮亮、肥肥壮壮的，就这一只不知道怎么搞的，一天到晚就爱打架，才会弄成这种丑样子，你们拿它对外当代表，别人会误会我的鸡都这样，对我实在太不公平了！"

另外一位传教士笑嘻嘻地回答："对呀！少数几个传教士行为不检点，你却喜欢拿他们当代表，对我们来说，也同样太不公平了吧？"

人类有一种不可思议的盲点，习惯先入为主，喜欢以偏概全，甚至不明就里，一杆子打翻一船人。想想看，在我们日常生活里，是不是也偶尔或经常像那位养鸡的主人一样，掉进主观偏颇的视野中，却浑然不觉？事实上许多的人际关系之所以恶化，追根究底，几乎都源于这一类盲点扩张效应，反复作用之后的结果。因为先入为主，我们降低了沟通了解的意愿；因为以偏概全，我们更在不知不觉中强化了原本就有的成见，久而久之，当然失去了互动的空间，酿成了冰冻三尺非一日之寒的莫名嫌隙。

所以，人与人之间，我们需要更宽广更高层的全面观点，也需要理解包容的襟怀，才能平衡整体、考量通盘，避免许多可能出现的失衡及憾恨。

心灵体验

传教士的聪明之处在于，他们不是上门去辩解传教士其实是什么样的人，而是通过买鸡的事让你去明白，个别不能代表全部，以偏概全是我们好多人易犯的毛病。

放飞思维

1. 传教士是用什么方法来以正视听的？其中包含了怎样的哲理？

2. 个别的传教士不能代表全部，就正如这只丑陋的鸡不能代表全部一样，生活中你发现过类似事情吗？

一角钱的玫瑰花

◆佚 名

> 博贝一边等一边看那些美丽的鲜花。尽管他是个孩子，也能理解为什么所有的妈妈和女孩子都爱花。

11岁的博贝坐在后院的雪地里，感到身上越来越冷。博贝没有穿靴子，他不是不喜欢靴子，因为他根本就没有靴子可穿。他脚上的运动鞋有几个地方开了洞洞，在保暖方面很无能为力。

博贝在后院呆了一个小时了，他使劲地想，却无论如何也想不出该给妈妈送什么礼物。他一边想一边摇头，"没有用的，就算知道了送妈妈什么，也没有钱去买呀。"

自从5年前爸爸去世以后，一家五口只好勉强度日。不是妈妈不尽心，也不是妈妈不努力，只是因为花销太大了。她晚上在医院里上班，挣得的那一点儿微薄的工资只能支撑成这样了。

他们虽然家境贫寒，但彼此相爱。博贝有两个姐姐还有一个妹妹，妈妈不在家里的时候，她们操劳家务。

姐妹们手巧，都已经给妈妈制作了漂亮的礼物。博贝感到很委屈。现在已经是圣诞节前夕了，他还两手空空呢。

博贝拭去脸上的一滴眼泪，踢了一下脚下的积雪，开始向街上走去。6岁就没有了爸爸，尤其是博贝现在不能给爸爸说心里话，真够可怜的。

博贝走过一家又一家商店。透过一个个装修华丽的窗户看里边的东西。一切都那么美丽，却又那么可望而不可及。天色就要黑下来了，博贝无奈地转身回家。就在这时，他的眼睛一下看到了有个什么东西在晚霞中闪光。他蹲下身来，发现那是一枚小小的一角钱的硬币。

没有人能像博贝捡起那枚硬币时感觉到那么富有。他拿着那枚硬币全身掠过一股暖流。随后他就走进了眼前的一家商店。当一个个售货员告诉他说一角钱什么也买不了的时候，他那颗激动的心很快就凉了下来。

他还是走进了一家花卉店，在那里排队等候。店主人问他要买什么东西的时候，他掏出了那一角钱，问能不能买一朵花，当做圣诞礼物送给妈妈。店主人看看博贝，又看看他手里的一角钱，然后把手放在博贝的肩上，说："你就在这里等着，

45

我去想想办法。"

博贝一边等一边看那些美丽的鲜花。尽管他是个孩子,也能理解为什么所有的妈妈和女孩子都爱花。

最后的一个顾客走了,屋里只剩下了他一个人,他觉得有些孤独,有些害怕。

突然,店主人出来了,他向柜台走过去。啊!博贝眼前摆放着12朵鲜红的玫瑰花,那些花带着绿绿的叶子还有长长的枝条,用一个银环跟一些小白花束在一起。店主人把花束拿起来,却把它轻轻地放进了一个长长的白色盒子里。博贝看着,心登时凉了。

"小伙子,这个卖一角钱。"店主人一边说,一边伸手向他要那一角钱。博贝的手慢慢地移动着,慢慢地把那一角钱交给店主人。这是真的吗?一角钱,人家不是说什么都买不到的吗?店主人察觉到了博贝的疑虑,就接着说:"我碰巧要贱卖一些玫瑰花。你看那些花漂亮吗?"

博贝不再犹豫了。店主人把那个盒子送到他的手里的时候,他知道那不是一个梦。店主人给博贝开开门,让他回家。他听到了店主人在身后说:"圣诞快乐,孩子。"店主人转身返回,这时他的妻子出来了。"你在那儿跟谁说话呢?你收拾好的花呢?"她问道。

店主人看着窗外,眼睛里含着眼泪。他回答说:"今天早晨我碰到了一件奇怪的事情。好像听到有个声音跟我说话,那个声音叫我留下12朵最漂亮的玫瑰花,当做一个特殊的礼物。后来,也就是刚才,一个小男孩进来了,他想用一角钱给他的妈妈买一朵花。

"看见了他,我好像看见了好多年前的我自己。那个时候我也是一个穷孩子,也没有一分钱给妈妈买礼物。我在街上走着的时候,一个我从来没有见过面的大胡子叫住了我,他说他要给我10块钱。

"今天晚上我见到那个孩子,就明白了那声音说的是谁了。我挑选了12朵最最漂亮的玫瑰花。"

店主人和妻子紧紧地拥抱着。他们觉得他们得到了最好的圣诞礼物。

心灵体验　　一角钱买到12朵鲜艳欲滴的玫瑰花,对孩子和店主人都是爱的馈赠。孩子是天真无邪的,这个有爱心的社会也没有抛弃他!

放飞思维

1. 为什么说"没有人能像博贝捡起那枚硬币时感觉到那么富有"？
2. 你认为店主人和妻子得到的"最好的圣诞礼物"是什么？
3. 店主人的本意就是要把这12朵花送给博贝，而且博贝手里一角钱相对于花的价钱来说微不足道，可为什么店主人一定要收下那一角钱呢？

奢心宜戒

◆ 姜维群

由钱生奢，由奢生躁，由躁生祸，就是这样的一个转换过程，让升平盛世中的一个个才财双全的人七转八转地转到"祸"上。

老子说他有三件宝：一曰慈，二曰俭，三曰不敢为天下先。此"俭"字正与奢相对，既然俭是宝，那么奢便是一个恶物了。

奢侈是谁也挡不住的诱惑，而且它与大环境就像水与船的关系，任何人都会水涨船高、"与时俱进"。杜甫诗中有"麻鞋见天子"，穿着双麻鞋接受皇帝召见，若在常时肯定不行，然而"安史之乱"造成全国三分之一的人死伤，此时还能讲究什么，有鞋穿就不错了。正像楚汉相争，刘邦打败项羽建立汉王朝，当时全国连几匹颜色相同的马都找不齐，可见物资凋敝至极。

然而，赶上几十年的太平，粮食来个连年丰收，奢侈之风就会云拥而至。尤其总有一部分这样的国人，其表达奢侈的方式是挥霍。综观人的一生，敞开肚皮吃能吃多少？放足量穿又能穿多少？"有钱自吃用，放着柜里重"。有的人钱很多，不挥霍不足以显示气派，不挥霍不足以求得心理平衡。像曾报道的百万元一桌的"盛筵"，美女玉体横陈的"美筵"，足见其奢。然而，比起下面这件事来，怕是小巫见大巫了。

明代有个正德皇帝，正德九年有人献新祥四时灯数百盏，玲珑剔透，穷极奇巧，悬于宫廷四壁。不想元宵夜灯火通明而致起火。这位皇帝见大火熊熊，不是让人赶快救火，而是禁止往救，其看到火势旺盛，火焰冲天，居然开怀大笑，对所宠幸的美人说："好啊，好一棚大焰火也！"

一个大宫殿烧了，当成一个大焰火，手舞足蹈地看着烧了，听着都让人目瞪口

47

呆。作为一国之君,别说烧一座宫殿,像项羽把一个阿房宫庞大建筑群都烧了,也不会伤及什么。然而,皇帝一萌奢心必有奢举,一有奢举必然劳民。一个无惜民、惜物之心的皇帝,国祚皇运岂能长久?

我们常人何不如此。

有个贬损人的词叫"烧包",是说有了点儿钱就浑身难受、不知做什么好。这类人不仅被人瞧不起,其结果也大多不妙。有俗话说,心里能盛多大的事,就能挣多大的钱,"器小易盈"这个成语最能诠释这句话。每个人生下来都有自己的福祉,看自己怎样的去珍惜,会珍惜的一生享用不尽,拼命挥霍的可能几年就踢蹬没了。听说有一位书法家当了企业家,靠着年轻有为、精力充沛、功底好、头脑活络挣了大钱。其早就置办了"宝马良驹",并常以"飙车"自炫,可惜驾车一朝失手,英年殒命。

固然,这也属偶然,但有一点说明了它的必然性。人一有钱,常生两心,一是慈悲心,二是奢心。有慈善心必有善举,善举是将自己的精力财力"转移"给他人,也是耗神耗财的一种途径。奢心则是花钱的紧迫感,一生此心,心必生躁。心躁和天燥是同一道理,都让人感到无端的躁动,此时神经亢奋、血管贲张,常像喝酒——"有事坏了事,无事生出事"。所以前贤们总结了一条规律:天燥有雨,人躁有祸。

由钱生奢,由奢生躁,由躁生祸,就是这样的一个转换过程,让升平盛世中的一个个才财双全的人七转八转地转到"祸"上。

奢心宜戒恰恰因为奢心易生。由此想到《红楼梦》中的"风月宝鉴",常看看它可怕的狰狞镜子的反面,时常警醒,稍安毋躁,或许能转危为安、因祸得福呢。

心灵体验

"风月宝鉴"本有两面,贾环也知道,但他抵不住正面凤姐的婀娜多姿,倘使他始终看狰狞的反面,也就不会命赴黄泉吧!同理,生活中的我们,假使能时常警醒,稍安毋躁,也许就会因祸得福。

放飞思维

1. 由钱生奢、由奢生躁、由躁生祸这样一个恶性循环,反映了怎样的人生?
2. "奢心宜戒恰恰因为奢心宜生。"为什么?

栀子花笑了

◆青 春

> 是啊,异性之间的友情也是这世界上最纯真的感情,它还没有消失,如果你还愿意相信的话。

最后的鸽群带着低弱的噪音在微风里滑过一个圈子之后消失在遥远的天际。夕阳带着对大地的一丝留念披着一条红色的披风在天际中翩翩起舞。一阵风吹过来,树叶摇了摇身子,落叶在树枝与地面间飞舞着。不甘寂寞的栀子花也出来助兴,将整个校园弥漫上一层浓浓的香气。

校园通道上的这一头一男一女的景象跟整个气氛很巧妙地融合在一起,而另一头缓缓走来的校长却像鸟儿一样点破了这和谐的安宁。走过来了,尽管栀子花依旧很香,可这中间还是夹着一些火药味儿。

男孩坐在自行车上,侧着身跟女孩说话;女孩站在男孩的右手旁,手里拿着一个大的讲义夹和一封粉红色的信,校长站在女孩的对面。

这么晚还不回家啊。校长首先打破了寂静,并用一种奇怪的眼神盯着这两个学生。现在的中学生真太不像话了,小小年纪,唉,想当年我们这个年纪男女连互看一眼都不敢……校长浮光掠影了他当时年轻的时候,顿时来了精神。

是的,校长,因为有点儿事。女孩安静而从容地回答。身边的男孩羞涩地低下了头。

风似乎有些大了,树叶开始沙沙作响着,栀子花的花香像是被稀释了一样,香味顿时减少了很多。

哪个年级的。校长问。

高三,校长。女孩回答道。

都高三了还有这心思,现在的学生怎么这么不懂事。唉,校长在心里叹了一口气……突然看到了女孩手上的信。

这封信是给他的。校长指着男孩问女孩。

是的,校长。仍旧是女孩从容的回答。

风真的是有些大了,树枝也开始摇动了,好像在预感着一场大雨的到来。栀子花被风吹得有点儿摇摇欲坠了,香味更淡了。

信,嗯,让我看一下。校长有点儿不自然地说道。

49

女孩刚伸出手,像是突然想到了一件事,于是手就停在半空中了。校长,就我所知,即便是警察也不能随便看别人的东西。女孩笑了笑说。

这……校长突然有点儿尴尬了。

好像真的要下雨了,夕阳承受不住黑暗的诱惑消失在天际了,栀子花也似没有精神了。将暮未暮的天空里,穿越云层的阳光几乎是一种奢侈,然而在黑暗到来之前它依然顽强地存在——这一切看了都使人感动……

男孩的脸色似乎有些苍白,他拉了拉女孩的衣角说,给校长看吧!

校长看了看男孩,眼神之中掠过一些的感激,但随即笑了,更加确信自己的猜测了。

女孩把信给了校长。

配合得多好啊。校长来不及多想,忙打开信:

放心,好好治病,一切都会好起来的。学习不用怕落下,全班同学都会帮你的。大家都在等着你回来呢!这些笔记是同学们帮你做的,相信自己会好起来的,因为不只是你一个人,你还有大家呢!

接下来,是同学一大串的祝语。

校长的表情突然僵硬了,一时不知道该说什么才好。

校长,信看完了吗?其实这世上除了爱情之外,还有一种更深更真更值得让人珍藏的感情,那就是友谊,您说是吗?校长。女孩仍旧笑着说。

是啊!为什么这么多年来自己竟忽视了这种真挚的感情,还差点儿扼杀掉了它。这一切都是真的,不是童话!是啊!不是童话。校长突然笑了。

这笑像一个屏风把风和将要下的雨都隔绝了。天空仍像先前一样静谧、和谐。栀子花倒比先前更有精神也更加灿烂了。

是啊,异性之间的友情也是这世界上最纯真的感情,它还没有消失,如果你还愿意相信的话。这不是童话,而是真真实实存在于我们身边的感情。它不是玫瑰,会有枯萎的一天;它是栀子花,永远的,带着淡淡的香味直达人的心底。

风又吹过来了,树叶被风温柔地拥抱得安静而羞涩了,空气中溢满了香气,栀子花笑得有点儿"花枝招展"了。

心灵体验　　女孩、男孩、校长,仅凭这称谓,就可以猜到发生了什么。但是你错了,其实这世上除了爱情之外,还有一种更深、更真、更值得人珍藏的感情,那就是友谊。栀子花开的季节很美丽。

放飞思维

1. 女孩不只从容、安静，更有倔强、任性的一面，突出体现在哪个细节中？

2. "想当年我们这个年纪男女连正看一眼都不敢……"中，省略号代表的是哪些内容？

打开信任的口袋

◆马国福

友谊是这个世界的通行证，却常被我们的冷漠这道门槛封锁，无法普及；微笑是这个世界的通用语，却被我们的猜疑这块冰霜封存了，无法流通。

著名画家黄永玉有这样一个故事。有一次他到法国巴黎街头写生，一位年轻的法国女士微笑着跪在他背后看他画画。天气很热，画家全神贯注于街头的风景。那位女士虔诚地给他倒了一杯水。刚好画家口渴了，就在他端起水杯的时候，画家突然想到：在这个陌生的国度，一个毫无关系的陌生人给一个素昧平生的画家倒水，她会不会在水里下了蒙汗药呢？

正当画家疑惑时，那位女士向他招招手微笑着离开了。画家并没有喝那杯水，立马伸手摸后裤袋里的钱包。一看钱包还在，他才放心地作画。

回国后他为自己的举动和思想感到脸红，他发出了这样的感慨：我们心底的不信任的基础太多了，辜负了太多的善意！对那位女士而言，给画家倒水是基于对艺术的尊重，对艺术家的爱戴和信赖，而画家却误会了那番好意，辜负了一片好心。

在国内我们所受的教育总让我们以一种戒备的心理对待陌生的微笑，陌生的付出，陌生的关爱，因而我们总觉得周围有太多的陷阱，似乎一不小心踏上去就会使自己受伤。实际上，正是由于我们的不信任才造成了人与人之间的冷漠、隔阂。我们在过于保护自我的同时，却伤害了给予我们温情的心灵。

当我们胸怀戒备放眼远方时，总是将身后的那个叫"信任"的口袋合得紧紧的，割断了与爱的牵连，封闭了与友善的沟通。我们孤独、寂寞、埋怨、叹息人心不古，世事难测。一份简单的关爱就像一座架向我们心灵深处的桥梁，却因为我们复杂的思想而中途垮塌；一个友善的微笑就像是开启我们心灵的大门，却因为我们戒备的门槛而受阻拦，让爱和友谊无法通过。友谊是这个世界的通行证，却常被我们的冷漠这道门槛封锁，无法普及；微笑是这个世界的通用语，却被我们的猜疑这块冰霜封存了，无法流通。

　　为人处世，要想在人生的道路上畅通无阻，须先得打开身后信任的口袋，接纳更多的关爱，因为那是我们前进道路上宝贵的财富；营生立业，要想在事业的平台上求得新的突破，须先得融化我们脸上冰冷的笑容，舒展更多的友情，因为那是我们事业上无形的动力。是啊！生命无常，要想在生活的枝条上采撷甘甜的果实，须先得剔除误解的栅栏，用信任去搭建登高的梯子，那是我们抵达幸福的扶手。

　　信任无价，小小的口袋打开了，进来的是满满的爱的芬芳啊。友爱无界，陌生的心灵沟通了，连接的是暖暖的无限春意啊。

心灵体验

　　画家黄永玉的巴黎之行，可以说令他终生难忘：因为猜疑而辜负别人的善意。仅仅用"脸红"是不足以能形容！其实，两国之间的文化差异是导致"脸红"的根本原因！我们国人该"醒醒"了。

放飞思维

1. 你从画家黄永玉的巴黎之行感悟到什么？
2. 作者在文中倡导了什么？

人生的价值是不能拿山峰的高度去衡量的；登山的意义不在于登顶的成功与否，而在于攀爬的过程中享受的愉悦。失败了不要紧，还可以重来，在磨炼中不断地成长才是我们的目的。

在社会中成长

好人最大的毛病,乃在消极有余,积极不足;叹气很多,悍气太少。结果他们所能做的,充其量只是"独善其身"而已,绝不是"普度众生"的好汉。但是最后,坏人并不因为好人消极叹气就饶了他们,坏人们还是要欺负好人、强迫好人,使他们连最起码的"独善其身"也善不好,连佛教中最低级的"自自了汉"也做不成。最后只得与坏人委蛇,相当程度地出卖灵魂,帮着坏人"张其恶"或"扶同为恶"。这真是好人的悲哀!

多看一眼

◆ 麦 可

生活中多少次我们一念的偏差，把善良当成了邪恶，把勤勉看做了功利；遇到事情的时候，让我们多看一眼吧！

　　因工作需要，我从一所风纪严谨的重点中学调到中职学校，很长一段时间看不惯学生听天由命不思进取的散漫作风，尤其是那个欧阳，那么帅气聪明的小伙子，上课总是迟到，集体活动从不参加。一次学校组织活动要去护城河畔植树，欧阳到办公室来请假："老师，真对不起。我爸爸病了，我下午不能参加活动了，能不能我下星期多做两次值日补上？"我不由得火冒三丈："用值日补？你倒会挑肥拣瘦！下午植树太阳晒着风吹着，女生都没有人请假，亏你一米八的小伙子想得出！你爸爸什么病偏要你今天请假？"欧阳一言不发，讪讪地走了，正巧来送考勤的班长在旁边轻声地跟我说："小麦老师，您别生气，欧阳挺不容易的，他其实是个热心的男孩，他妈妈死得早，妹妹是先天智障，两年前爸爸出车祸瘫了，家里上无片瓦下无寸土，他一边打工一边上学，又要照顾爸爸又要关心妹妹，不知吃了多少苦，也难为他了。"班长的话让我大为吃惊，也为自己的失察和不知体恤深深地自责，再见欧阳，连他曾经让我无可奈何的憨憨的笑容，看起来也那么纯真可敬。

　　高中毕业时大家笑谈："苟富贵，莫相忘。"十几年来只有李风混得春风得意，作为一个成功的经理人，整天纽约、大阪、温哥华地飞，李风母亲去世后就把父亲接过来住自己家，李风的太太漂亮温和，在教育局工作，一家人看起来其乐融融。然而时间久了，有人开始对李太太有了些议论："她自己天天出入开宝马，进高档美容院，穿范思哲的衣服，再看看公公吧！啧……亏她受过高等教育，为人师表呢！"也是，眼见李风父亲一年到头一灰一蓝两套旧衣服。寒酸得不像话。李父病了，我们几个同学去看望，李太太正在给公公削水果，保姆拿着那套补着补丁的灰衣服正要去洗，直性子的芳冲口而出的话就有些不客气了："省点儿事吧！那件衣服我看都不值洗涤剂钱呢，现在条件好了，给老人买件新的吧！"李太太不语，李风笑笑："谁说不是呢！可父亲总说小的时候我们家里穷，妈说爸在外面挣钱养家要穿得体面，一家人省吃俭用好几年才发了这两套衣服，后来穿破了妈妈就细心地缝补，两年前妈妈不在了，爸爸怀念母亲，念念不忘那些贫穷的相濡以沫的日子，衣服穿在身上舍不得脱。爸爸常常摸着那些补丁，说衣服上有母亲的气息呢！"李

55

风说着,眼睛有些湿了。"是啊是啊!"父亲看看衣服,忙不迭地说,眼神里满是温柔的思念。一时间,我们哑口无言。

生活中多少次我们一念的偏差,把善良当成了邪恶,把勤勉看做了功利;遇到事情的时候,让我们多看一眼吧!多看一眼,我们会看得更清楚,更明澈。

心灵体验

文中的两件事都是极平常又容易误解的事情,所谓一叶障目。生活中我们都能静下心来多看一眼,将会看得更清楚、明澈。

放飞思维

1. 李凤父亲的补丁衣服与李太太出入和穿着形成极大的反差,在文中有什么效果?

2. 你对"多看一眼,我们会看得更清楚,更明澈"理解有多深?

破茧成蝶

◆单士兵

> 所以破茧成蝶,是人生的一种境界。能够破茧成蝶,就会重获生命的欢愉和快慰。

乡居年代,我曾在蚕房里住过两年。我洞悉蚕在其生命轮回过程中每一个隐秘的细节。由黑珍珠一般的子儿,到肉嘟嘟的蚕儿,到沉睡茧中的蛹,最后羽化成蛾,这个神秘的精灵就完成了一次生命的变异。

观察这样的过程是需要耐心的。不过,我愿意等,我始终认为,这样的等待本身就是诗意的。当可爱的蚕儿吸取了充足的甘草润泽后,便用生命的丝线织茧而栖,沉沉而睡。生命被无尽期的黑暗覆盖,沉埋于寂静之中。其实,它是在做一个坚实的梦,蕴蓄着一次生命的复活。

终于,它咬破自己织制的茧子,出来了,由蛹化蛾,完成了生命本质的飞跃,给我惊喜的震颤。请原谅我的固执,让我称它为蝶。因为它让我想到化蝶的传说。我想,这个细小的生命,它短暂的沉睡,类似于一次死亡。而当它痛苦地咬破自己织制的茧、羽化成蝶,就完成了生命的复活。这个小精灵,在其短暂的一生中,是那么专注于自己的生命,用重生来拒绝死亡,穿越了生死的界限,让生命得以绚烂。透过它的生命过程。从某种性质上说，它接近于神话中涅槃的凤凰。

我感动于破茧成蝶所带来的美学意蕴。很多时候，我看着它振动透明的薄翼，时而以舞者的姿态翩飞于屋檐下，时而款款行走于墙壁之上。这只蝶使我心头的生命之弦得以穿过虚与实的空间。我在想，当初它的沉睡，就是在做着一个蝶梦，一个死与生相连在一起的梦。这个梦既洋溢着古典的气息，又充满着生命的哲思。

其实在生活中，很多时候，我们就如那小小的蚕儿，经常会陷于一种生存的窒息状态，或是处于绝望的境地。对于我们个体生命而言，有时心灵也会结上了一种"茧"。如果我们能用心去咬破自己构筑的外壳，尽管这一过程会很痛苦，但于生命的重生，它又实在是一种必须。包括面对死亡，一个能坦然面对死亡的人，也一定能坦然面对生活。

所以破茧成蝶，是人生的一种境界。能够破茧成蝶，就会重获生命的欢愉和快慰。

心灵体验

在当今日新月异的社会发展中，人应该敢于打破窠臼，跳出襁褓，挑战自己；要在绝境中看到希望，使自己绝处逢生，用拼搏与奋斗不断让自己获得人生的欢愉与快慰。

放飞思维

1. 你知道"化蛹为蝶"是怎么回事吗？
2. 在竞争的社会中，我们时时都面临挑战，也可能陷入困境，读了此文，你知道该怎样做？

对不起，我的美国老师

◆于筱筑

可是他是那么平易近人，那么谦逊，那么宽容善良。他的这一切，用鲁迅先生的话，不由分说地榨出我皮袍下的"小"来。

千禧年，我千方百计弄到了去参加一个跨国金融培训班的名额。可是我一点儿也不高兴，因为那个培训班居然在以色列，与我期待中的资本主义国度实在是大相径庭。可是我还是背着行囊挥挥手就出发了，那种悲悲啼啼的角色不适合我。小女子也要勇敢闯天下啊。

但是我的千禧之旅实在是很不顺利——好不容易到了耶路撒冷，我就病了。不过培训中心安排的酒店还算舒服，我躺在床上一下子就睡到了天亮。睡眼惺忪的我猛地醒悟过来：今天是培训班开课的第一天！我从床上一跃而起，以最快的速度刷牙洗脸冲进教室。可是还是迟了，一个矮小的老头已经站在讲台上开讲。糟糕，我望着教室里面不同肤色不同种族的男女同学，心里羞愧极了，只是战战兢兢地在教室门口喊了一声"Sholom"（希伯来语 Hello）。那个老头看看我，用英语说了一句"Come in"。我赶忙灰溜溜地钻进了教室。

我正安下心来准备认真听讲，肚子里乱七八糟的东西突然又揭竿而起。无奈之下我只好举手示意要出去一下。等我再次跑进教室时，他已停止了讲课。看了我很久，然后他说："你的名堂怎么那么多？"

看来我的理解误差不大：英语国家的同学都哄笑了一阵。"死老头！"我的心里恶狠狠地诅咒，继而发誓要让他对我刮目相看。下课的时候，他路过我身边。我站起身来，不卑不亢地解释自己刚来有点儿水土不服，而他，只是若有所思地点点头。

我可不是好欺负的！一天，我早早地跑到教室把刷子放到黑板架上面，看着他跷着脚伸长胳膊也够不着，我就在底下窃笑不止；我还把他的讲义换掉，让他走出去之后又匆匆进来；我更是拼尽全力认真听好他讲授的各种营销案例和管理方法，因为我知道，在座的各位虽然以"学生"自居，却都是各国各大公司派来的精英。而此时，矮个子 ERIC 的严谨治学和学识渊博也渐渐让我刮目相看。

随着日子的推移，我慢慢开始熟悉耶路撒冷。这个一直在我脑海中是战火纷飞的城市，它的人民其实非常热情，尤其是那些以色列犹太小伙子，虽然平时都是忙忙碌碌的，但是在路上都不忘对你露出一个个善意的微笑。

当时美国刚刚轰炸我们的大使馆，所有的中国学生都是"谈美切齿"。自从知道他来自美国华盛顿之后，我就更加不喜欢这个叫 ERIC 的其貌不扬的老头儿，刚刚积累起来的对 ERIC 的一点点"敬畏"已经荡然无存，而且我的恶作剧也变本加厉。我冠冕堂皇地借此标榜自己强烈的民族意识。

为期一个月的培训要结束了，我除了等待答辩外，空余的时间都跑到街上乱转，想淘点儿什么宝贝带回国。有一天我正在街上的伊斯兰教堂附近乱逛，远远地看到 ERIC 朝我走来，一时避之不及，只好硬着头皮朝他走去。他微笑着跟我打招呼，我也对他微笑，然后他要跟我结伴而行。

跟他一起我连逛的兴致都没有了——两个人的审美观简直是天壤之别嘛。我不时用"YES"，"GOOD"，"WONDERFUL"之类跟他虚与委蛇，一边用汉语骂着

"死洋鬼子帝国主义到处欺凌弱小炸我中国大使馆下次把黑板刷再放高一点儿把教案再藏得更秘密"之类的话。回到家后我仰天长笑,真是痛快淋漓啊。

最后答辩那天,下起了鹅毛大雪,轮到我的时候,我已经冻得瑟瑟发抖。走进门,ERIC 就迎上来,接过我手中的大衣和包,给我端来一杯热咖啡,一时间我竟然被他感动得不知道说什么才好。

我走到中间的椅子上坐下。看见有一个胖胖的红头发中年妇女坐在主席台的左边,我的心里咯噔了一下,我知道以色列中年女性最难对付了,她们有一种天生的母性,爱把你当小孩子一样批评,和她们谈话永远占不到上风,而且她从来没有教过我。

咬咬牙,我把心一横,反正我专业知识是过硬的,你放马过来吧。

接下来的事情又是我始料未及的——ERIC 居然坐到了主席台的右边。看来他才是这次面试的主考官。

如果说看到主席台上的红头发中年妇女和 ERIC 先后让我吃了两惊的话,那接下来"红头发"说的话简直是一枚凭空丢出的炸弹,划出一条优美的曲线后,轻轻地落在我的头上。我并不确定一刹那间心脏以何种速率跳动,甚至它是否在跳动,但是整个面试的内容我事后一点儿都想不起来了……

"主考能够说非常流利的汉语和英语,你可以选择以何种语言作答。"

ERIC 会汉语?那我骂他的话他都听到了?那他早就知道所有的恶作剧都是我在整他?那他一定恨我入骨了?

我的一切"恶行"都在脑中幻化成一堆问号和惊叹号,而我的毕业答辩将面临的是一个省略号还是一个完整的句号?

我懊丧极了,后悔极了,我回去怎么跟公司交代呢?我把中国人的脸丢尽了,我……

怎么办呢?美国鬼子 ERIC 是绝对不会让我通过的啊。

我想过去找 ERIC,但是最终还是没有去。错归错,与我的培训无关,我这样安慰自己。

离开耶路撒冷的时候,大家都来送我。人群中我也看到了那位红头发的中年妇女,我和她拥抱。她告诉我 ERIC 已乘昨天的班机回国,有一封信托她交给我。

上车之后,我惶惑地打开 ERIC 的信。

他对我表示了深深的歉意,除了为第一天的误会之外,还为民族之间的大义恩仇。他还专门为我写了培训合格的鉴定。他说,如果我有可能去美国,他会安排我的实习或者是工作。

直到读完信上的最后一个字,我才醒悟,那个为我端茶挂衣服的老人,那个矮

59

矮的其貌不扬的老人，居然是全美经济学界顶尖的教授。

可是他是那么平易近人，那么谦逊，那么宽容善良。他的这一切，用鲁迅先生的话，不由分说地榨出我皮袍下的"小"来。

我深深地吸一口气，闭上眼的刹那，脑海里仿佛出现他温和的样子，而耳边是他在信上的话：

"不是所有的美国人都会飞扬跋扈。对不起，我的中国学生。"

心灵体验

"不是所有的美国人都会飞扬跋扈。"这是这位美国教授给他的中国学生的信中所言，让这位中国学生愧疚不已。倘若这位中国学生现在最想说句什么话表达时，我想她一定会真诚地说：感谢您，我尊敬的老师！

放飞思维

1. 当 ERIC 得知作者对他的一系列恶作剧后，他为什么没有责怪作者？

2. 请模仿文中对以色列中年女性的描写，写一写你对其他国家或地区的人的看法或印象。

小 店 一 间

◆刘文嘉

> 其实，生命里很多东西，易于接受，也易于淡忘。等我再回来看，熟悉的地点已盛载着陌生的风景。

那间叫做和春的店拆迁了，或是倒闭了。那时候小杂货店都叫宏发、财源什么的，若不是这么奇特的两个字，我想我不会记得这么清晰。那些倔强地支棱在房顶上的草秆儿消失了，拼成"喜喜"字样随塑料管门帘也消失了——这条路扩建了。

我们的小学校就在小店旁边。孩子们第二节一下课就急三火四地冲进小店，高举着角币冲柜台里喊："大白梨汽水一瓶！"柜台里那位老人忙不迭地答应着，依次把汽水拎上来。"大白梨"是当时最便宜、量最大的汽水，咕嘟咕嘟灌下去半瓶，二氧化碳便如沸水一样涌上来,一路涤荡了胃与食道里的闷气。剩下半瓶喝不了,是可以放在小店柜台里存着的,等着放午学后再接着完成。柜台里的老人便从容地收拾着,有的放在窗台上,有的放在椅子下。"都可得记住自己那瓶!"老人耐心地笑着。孩子们仔细记清了自己汽水瓶旁边的明显标志,急匆匆地跑回去了——店里能听到清晰的上课铃声。

我和明,有一段时间总怀疑我们的"大白梨"被别人拿混了,每次都要磨蹭好一阵,待大家都跑回去了,才寻找更不为人知的位置。直到有一天老人看看犹豫的我们,笑着取下货架第三层的一瓶白酒,把我们的半瓶"大白梨"摆上去,说:"以后,这空儿就给你们留着,行不行,小丫头?"我那时第一次仔细观察了一下他的眉眼,那是一张真正的长者的脸,有着长者之所以为长者的东西。

后来,货架第三层最右边的位置果真一直空着,除了我和明买汽水的日子。

这条街其实简单得可以。零星的岔路口间杂着零星的店铺。每当夕阳蹒跚而下的时候,我和明拖拽着自己斜长的影子回家,看见和春店的烟囱里袅袅地摇出褐黄色的烟,愉快极了。

我和明也耍一些小手段。孩子的零花钱是有限的,我们最常用的一招是拿着两三毛钱,脸不红不白地问:"爷爷,这些钱能买什么呀?"老人宽厚地歪一下头:"能吃两颗香口胶,爷爷还让你们一人尝一块新进的糖。"我们因为尝新糖的权利而占尽了便宜。多年以后我才明白,其实很多成人的规则对孩子都是宽容的,而当时我们天真地认为这种殊荣来自我们的成绩。那是个以为好孩子就应该受宠的年龄。

后来有一次很偶然的机会,我和明翻看了这座小城从前的年鉴。那里面有一张异常面熟的照片,照片下面是这方水土一直引以为荣的一家企业的简介,那家企业连孩子都耳熟能详。于是我和明在一次买"大白梨"的时候小心翼翼地核对了老人的名字,之后对他肃然起敬。

我那时觉得,应该有什么词来形容这位老人和他退休后的这家陋店,这种寻常人家的安宁之气稀释了他的人生密度。他与小店让我有了一些不是孩子所惯常有的、并非针对具体事物的关注。店与人都带有长者之气,沉静的和内敛的。我在高中时曾想写写,这么一个简单的小店多么微妙地盘踞在我们的生活里,但我没词儿。我气它不是在江南烟雨酒旗风中,也不是在大荒沉沉飞雪白里,没有古雅和粗犷,就只剩下微妙的感觉,而微妙是写不出来的。我奇怪地想起"举重若轻"四个字,就再也写不出什么来了。

我上高中之后就与小店疏远了,高中的方向和小学的迥然相异,而且高考要求人心无旁骛。等我和明再到那里时,店和人已是老态龙钟了。

"要考大学了？"老人一阵惊奇，仿佛我们不应该长大似的，随即他笑道，"多快，一晃之间呢。"那时候正值高考前的温习假期。

其实，生命里很多东西，易于接受，也易于淡忘。等我再回来看，熟悉的地点已盛载着陌生的风景。我便提取那些简单的画面，那夕阳下的炊烟，那第三层货架……那些宁静简单的日子便一一重来。我想了想，还是没有去打听老人是否还在世。老店不在了，老街不在了，再见老人反而支离了记忆，其实他们本是圆融一体的。

心灵体验

谁的记忆里没有一家小店呢？那里承载着我们的整个童年，有欢乐的糖果，有稚气未脱的念头，有即便到了老态龙钟时仍然能触摸得到的一处处风景。这些人，这些景，伴我们成长。

放飞思维

1. 为什么我没有打听老人是否去世了呢？怎样理解这种情感？
2. "其实很多成人的规则对孩子都是宽容的。"你同意吗？为什么？

等　待

◆王长青

> 实际上，谁的手中也不可能有神仙的那颗扣子，所以，我们必须学会在积极进取中心平气和地等待。

从前，有一小伙子和心爱的姑娘约会，他早早地来到约会地点，左等右等不见姑娘的身影，就焦躁地坐在树下长吁短叹起来。这时候，一位神仙出现在他的面前。"我知道你为什么闷闷不乐，"神仙说，"我送给你一个扣子，你回去把它缀在衣服上，要是遇到不得不等待的时候，只要把扣子向右轻轻一转，你就能跳过时间，免去等待的痛苦。"这个小伙子非常高兴，迫不及待地跑回家去，按照神仙的吩咐，找出针线，把扣子缀在了衣服上。他试着把扣子向右轻轻一转，心上人马上便笑意盈盈地出现在他面前。看着心上人，他心里想，要是现在就能和心上人举行婚礼，那该多好！于是，他把扣子轻轻一转，隆重的婚礼出现了，他和心上人在主婚人的高声叫喊下跪拜天地……于是，他异想天开，快速地转动着扣子，转眼间，他就有了儿子、孙子、儿孙满堂；他呢，则变得老态龙钟，衰卧病榻，死亡的恐惧深深地包围着他。疾病缠身、卧床不起的他望着窗外明媚的阳光，非常怀念年轻时的生活。要是能再回到从前，那该多好啊！当他万念俱灰的时候，他试着把扣子轻轻向左一转，奇迹发生了，他又回到了那棵生机勃勃的树下，等待着心上人的到来。这时，他一下子学会了等待。坐在树阴下，听着鸟鸣，看着蜂蝶在花草中盘旋飞舞，等着心上人，他觉得，这是一件非常非常幸福的事。

　　读这个故事的那年秋天，我正在一所乡村中学做代课教师，整天为自己能不能转成正式教师发愁，在等待中浮躁、心烦、失望，甚至心灰意冷。当读过这个醍醐灌顶的故事后，我的心豁然开朗起来。从此，我不再沉湎于烦恼、失望中，精神面貌焕然一新，积极进取，终于以出色的业绩得到学校领导和上级主管部门领导的认可，成为一名称职的正式中学教师。

　　人生，没有一蹴而就的成功，也没有信手拈来的幸福。所有的东西都要我们付出艰辛的劳动去追求，付出汗水去精心培育，付出足够的耐心去等待。实际上，谁的手中也不可能有神仙的那颗扣子，所以，我们必须学会在积极进取中心平气和地等待。

心灵体验

读完这则故事我们真如醍醐灌顶，佛性大增，令我们豁然开朗。当我们焦躁不安嫌时光太慢时，不如积极进取，心平气和地等待。

放飞思维

1. 你对文中这则故事的感悟是什么？
2. 为什么说"等待"是一种幸福？

不是"废话"

◆小雨寒冰

> 当我打开诊室的门，要离开医院时，迎面来了一个人，正是刚才那位司机，他口中正含着一个灯泡……

在英国，所有的灯泡的包装纸上都印着这样一句警告：Do not put that object into your mouth! 意思是不要把灯泡放进口中！是不是有点儿搞笑？有谁会神经病地把灯泡塞进嘴里？有一天，我和朋友谈到这个问题。他突然很认真地告诉我，有本书上也这么说，原因是灯泡放进口中后便会卡住，无论如何都拿不出来。

但对此我十分怀疑：我认为灯泡表面十分光滑，如果可以放进口中，证明口部足够大，因此理论上也应该可以拿出来。回到家中，我拿起一个灯泡左思右想，始终觉得我的想法没错。本着"大胆假设，小心求证"的精神，我决定证实一下。为此我专门买了一瓶食油，以防卡住拿不出来时再用。一切就绪后，我把灯泡放进口中，不用一秒钟灯泡便滑入口中，照这样看，要拿出来绝无问题。接着，我轻松地拉了灯泡一下，然后再加点儿力，又把口张大一些，妈妈呀，真的卡住拉不出来了！好在还有瓶油……30分钟后，我倒了四分之三瓶油，其中一半倒进了肚子，可那灯泡还是动也不动。我只好打电话求救，号码摁了一半，才记起口中有个灯泡如何说话？只好向邻居求助，我写了张纸条便去找邻居MM，她一见我就狂笑，笑得弯下腰还流口水。半小时后，她还是挣扎着帮我去叫了"的士"。司机一见我，也笑得前仰后合。在车上他不停说我的口太小，还说如果是他，就没问题。他的口真是大，但我好想告诉他，无论如何不要试。

在医院，我被护士骂了10多分钟，说我浪费她的时间。那些本来痛楚万分的患者，见了我都好像没病了，人人开怀大笑。医生把棉花放进我口的两旁，然后轻轻把灯泡敲碎，一片片拿出来。

当我打开诊室的门，要离开医院时，迎面来了一个人，正是刚才那位司机，他口中正含着一个灯泡……

心灵体验

多少人就是不愿听取善意的劝告，非要以身试"法"不可，最终自食其果，方知自己的莽撞买了一份难得的教训。我相信，文中的"我"、司机以后是一定会相信那些善意的劝告的。

放飞思维

1. 在我们生活周围的人群中,不乏有文中描写的人存在,你觉得他们这是探究精神吗?
2. 文章取名"不是'废话'"有何意义?

去冒次险吧

◆ 文暖心

人这一生,应该按照自己的意愿做些事情,把自己放在大风大浪里扑腾扑腾,不论成败,都值!

办公室分来一个大学生,姓唐,学计算机的。偏偏干上了最不愿意从事的秘书工作,材料写不好,经常挨领导批评,不到半年,初来时的朝气已被磨得无影无踪,于是想辞职去打工。同事们劝他:现在找工作多难啊,慢慢熬吧,国营企业好歹安稳些。

那天,领导要小唐写一份简报,七八百字,愣是被领导圈得一无是处。小唐终于耐不住,找到我说:"我要辞职,你有什么看法?"

我沉默了一会儿,说:"辞吧,做自己不喜欢做的事情,不如在自己喜欢做的事情上碰个头破血流。毕竟,后者才是自己的意愿。"

接着,我跟他讲了我的故事。5年前,我从部队转业,怀揣着发表的成摞的新闻、文学作品,在省内一家报社找了一份做记者的工作,每月收入千把块钱,不好不孬,自己挺喜欢。几个月后,我接到通知,自己应聘某知名出版社编辑的事情有戏了。然而,就在这时,父亲告诉我军转安置开始了。我跟父亲说我要去出版社,父亲说:"别冒险了,安置个工作多不容易啊,别人想来还来不了呢!"就这样,我犹豫着来到了这家国企上班。

转过身来,看看那些当年和我一起工作的朋友,如今一个个八面威风,有的当了编辑部主任,有的成了政府公务员,房子、车子,该有的都有了。于是觉得有说不出的失落。不知多少个深夜,扪心自问:后悔了吗? 是的,我真的有些后悔。

最后,我对小唐说:"去吧,去冒一次险吧! 人这一生,应该按照自己的意愿做些事情,把自己放在大风大浪里扑腾扑腾,不论成败,都值!"

许多情况下,我们都在他人善意的劝告下,放弃了"冒险",事实上,我们根本就没有看到哪个人因为"冒险"被饿死、冻死,抑或淹死,而与那些真正敢于"冒险"的人相比,我们更显得碌碌无为。

心灵体验

的确,在我们生活中,从来没有看见谁因为"冒险"被饿死、冻死或淹死,相反,倒是看见很大一部分人抱着撑不死也饿不死的心理,慢慢熬。这与温水煮青蛙的故事没有什么两样!

放飞思维

1. 小唐的同事们是一个什么观点,代表着当今社会哪类人的性格特征?
2. 文中"我"又是怎样的态度?为什么会后悔呢?

人生准则

◆齐 云

人的一生最该做的就是帮助别人,急他人所急,最不应做的是贪图不义之财,见财忘义。

30年前,美国华盛顿一个商人的妻子,在一个冬天的晚上,不慎把一个皮包丢在了一家医院里。商人焦急万分,亲自连夜去找。因为皮包内不仅有10万美金,还有一份十分机密的市场信息。

当商人赶到那家医院时,他一眼就看到了,清冷的医院走廊里,靠墙根蹲着一个冻得瑟瑟发抖的瘦弱女孩,在她怀中紧紧抱着的正是他妻子丢的那个皮包。

原来,这个叫希亚达的女孩,是来医院陪病重的妈妈治病的。相依为命的娘俩家里很穷,卖了所有能卖的东西,凑来的钱还是仅够一个晚上的医药费。没有钱明天就得被赶出医院。晚上,无能为力的希亚达在医院走廊里徘徊,她希望能碰上好心人救救她妈妈。突然,一个女人经过走廊时腋下的一个皮包掉在了地上。希亚达走过去捡起皮包,急忙追出门外,那位女士却上了一辆轿车扬尘而去了。希亚达回到病房,当打开那个皮包时,娘俩都被里面成沓的钞票惊呆了。妈妈却让希亚达把皮包送回走廊去,等丢皮包的人回来取。妈妈说,丢钱的人一定很着急。人的一生最该做的就是帮助别人,急他人所急,最不应做的是贪图不义之财,见财忘义。

虽然商人尽了最大的努力,希亚达的妈妈还是抛下孤苦伶仃的女儿死了。而她们母女俩不仅帮商人挽回了10万美元的损失,更主要的是那份失而复得的市场信息,使商人的生意如日中天,不久就成了大富翁。被商人收养的希亚达,读完大学就协助富翁料理商务。

富翁临危之际,留下一份令人惊奇的遗嘱:

在我认识希亚达母女之前我就已经很有钱了。可当我站在贫病交加生命垂危却拾巨款而不昧的母女面前时,我发现她们最富有,因为她们恪守着至高无上的人生准则,这正是我作为商人最缺少的。我的钱几乎都是尔虞我诈、明争暗斗得来的。是她们使我领悟到了人生最大的资本是品行。我收养希亚达既不为知恩图报,也不是出于同情,而是请她给我当一个做人的楷模。有她在我的身边,我会时刻铭记,哪些该做,哪些不该做,什么钱该赚,什么钱不该赚。这就是我后来的业绩兴旺发达的根本原因。

心灵体验 富翁的遗嘱告诉我们做人的准则,特别是一个商人的人生准则。他留下希亚达不是因为报恩,也不是因为怜悯,而是请她作楷模!

放飞思维 1.在物欲日益膨胀的当今社会,你对当时的希亚达母女做法作何感想?

2.文章里富翁的遗嘱结尾,起到了一个什么效果?

生　日

◆刘　齐

今后每逢生日,都要郑重鞠躬,感谢父母,感谢生命,感谢一切有助于你生命的人。

今天是你15岁的生日,但你并不怎么快活。坐出租车时,你已经有点儿扫兴了,因为父母笨手笨脚的姿态,让司机一眼就看出他们不常打车。不少同学家里都有小汽车了,而你的父母仍然骑着老式自行车,车把那儿有个铁丝筐,运一些白菜萝卜、油盐酱醋。此时躺在爸爸怀里的蛋糕盒可能也是那种小破筐驮来的。

到了地方,你更加失望,原以为是一个豪华的饭店,就像同桌小杰过生日时去过的星级酒店,谁知竟是如此普通的餐馆。陪客也不重要,是父母的朋友,一对老实巴交的夫妇,举止比父母还要拘谨。

餐桌上,四个大人沉闷地谈一些陈年往事,仿佛他们到这里来,不是为了给你过生日,而是为了怀旧。你插不上嘴,也没兴趣插嘴。想像中的生日惊喜一点儿迹象都看不出来,除了那盒貌不惊人的蛋糕,可是它也算得上惊喜?它暂时搁置在餐馆的窗台上。窗台小,盒子大,盒子的一部分没地方待,只好没着没落地悬着。

吃完饭,打了包,清理干净桌面,蛋糕终于摆上来了,上面用人造奶油松松垮垮地写着四个字:"生日快乐",连你的名字都没有。是不是少写几个字,就能省点钱?

蜡烛被你匆匆吹熄后,妈妈小心翼翼地把它们拔出,擦净,用原来的包装盒重新装好,喃喃道:"还能用呢。"天哪,可不要等到明年继续用,你想。

爸爸从蛋糕上选了花纹比较多、比较漂亮的地方,开始切分。第一块本以为是给你的,不料却给了张阿姨;第二块给了王叔叔;第三块才给了你,今天真正的主角,理应是最受重视的小寿星呀。

你绷着脸,抓起叉子,准备把蛋糕狠狠吞进肚中。猛然间听见,爸爸让你起立,向叔叔阿姨行礼。你茫然,很不情愿地起来,两眼斜视,望着墙壁,这时爸爸说,15年前生你那天,是阿姨送妈妈去的医院。

噢,原来如此,那就行个礼吧。

阿姨慌忙阻拦说:"孩子,你应该给你母亲行礼,你出生那天,她还坚持上班,一下子就晕过去了。你要为母亲自豪,她很坚强,她让你来到世上。"

母亲有些激动,坐不安稳,被桌子碰了一下,露出痛苦的神色。于是你知道,先前她为你买蛋糕时,不慎跌伤了腿。她眼角的皱纹比往日更深,受伤的青筋更重,但朴素的衣着却格外美丽合体。她目不转睛地看着你,已经看了15年,仍然看不够。

你脸颊发烫,你发现,你也看不够母亲,看着看着,泪水滴了下来。

你把椅子拉开,使空间增大一些,然后,深深地给母亲鞠了一个躬,又深深地给父亲鞠了一个躬。

你攥住拳头,用指甲紧扣手心,暗自决定:今后每逢生日,都要郑重鞠躬,感谢父母,感谢生命,感谢一切有助于你生命的人。

你轻轻地端起盘子把自己的那块蛋糕送到父母跟前。

心灵体验　　15岁时是少不更事的年龄,和同龄人生日相比,这次生日是太寒酸了,也不怪儿子生闷气。好在儿子最终还是醒悟过来了,他深知父母养育之恩是恩重如山,无法用今生来报答,就是磕一万个"响头"亦不能报父母深恩啊!

放飞思维
1. 文中描写爸、妈的"土"以及比父母更拘谨的老实夫妇,是为了衬托什么?
2. 儿子暗自下的决心,体现了他怎样的思想感情?

管　道

◆ [美] 贝克·哈吉斯

> 他们不停地谈着,渴望有一天通过某种方式,让他们可以成为村里最富有的人。他们都很聪明而且勤奋,他们想他们需要的只是机会。

很久很久以前,在意大利的一个小村子里,有叫柏波罗和布鲁诺的两个年轻人,他们是堂兄弟,而且都雄心勃勃。

两个年轻人是最好的朋友。

他们是大梦想家。

他们不停地谈着,渴望有一天通过某种方式,让他们可以成为村里最富有的人。他们都很聪明而且勤奋,他们想他们需要的只是机会。

一天,机会来了。村里决定雇两个人把附近河里的水运到村广场的水缸里去。这份工作交给了柏波罗和布鲁诺。

两个人都抓起两个水桶奔向河边。一天结束后,他们把村上的水缸装满了。村里的长辈按每桶水一分钱的价钱付给他们。

"我们的梦想实现了!"布鲁诺大喊着,"我简直无法相信我们的好福气。"

但柏波罗不是非常确信。

他的背又酸又痛,提那重重的大桶的手也起了泡。他害怕明天早上起来又要去工作。他发誓要想出更好的办法,将河里的水运到村里去。

柏波罗,管道建造者

"布鲁诺,我有一个计划,"第二天早上,当他们抓起水桶往河边奔时,柏波罗说,"一天才几毛钱的报酬,却要这样来回提水,干脆我们修一条管道将水从河里引进村里去吧。"

布鲁诺愣住了。

"一条管道?谁听说过这样的事?"布鲁诺大声嚷嚷道,"柏波罗,我们有一份很不错的工作。我一天可以提一百桶水,一分钱一桶水的话,一天就是一元钱!我是富人了!一个星期后,我就可以买双新鞋,一个月后,我就可以买一头母牛,6个月后,我可以盖一间新房子。我们有全村最好的工作。我们一周只需工作5天,每年两周的有薪假期,我们这辈子可以享受生活了!放弃你的管道吧!"

但柏波罗不是容易气馁的人。他耐心地向他最好的朋友解释这个计划。柏波罗将一部分白天的时间用来提桶运水,用另一部分时间以及周末来建造管道。他知道,在岩石般的土壤中挖一条管道是多么艰难。因为他的薪酬是根据运水的桶数来支付的,他知道他的收入在开始的时候会降低。而且他知道,要等一两年,他的管道才会产生可观的效益。但柏波罗相信他的梦想终会实现。于是他就去做了。

布鲁诺和其他村民开始嘲笑柏波罗,称他"管道人柏波罗"。布鲁诺赚到比柏波罗多一倍的钱,炫耀他新买的东西。他买了一头驴,配上全新的皮鞍,拴在新盖的两层楼旁。

他买了亮闪闪的新衣服,在乡村饭馆里吃可口的食物。村民尊称他为布鲁诺先生。他坐在酒吧里,为人们买上几杯酒,而人们则为他所讲的笑话开怀大笑。

小小的行为等于巨大的结果

当布鲁诺晚间和周末睡在吊床上悠然自得时,柏波罗还在继续挖管道。头几个月,柏波罗的努力并没有多大进展。他工作很辛苦——比布鲁诺的工作更辛苦,因为柏波罗晚上和周末都在工作。

但柏波罗不断地提醒自己,明天梦想的实现是建造在今天的牺牲上面的。一天一天过去了,他继续挖,每次只是一英寸。

"一英寸,又一英寸成为一英尺。"他一边挥动凿子,打进岩石般硬的土壤中,一边重复这句话。一英寸变成一英尺,然后10英尺……20英尺……100英尺……

"短期的痛苦等于长期的回报。"每天完成工作后,筋疲力尽的他跌跌撞撞地回到他简陋的小屋时,他这样提醒自己。他通过设定和通过每天的目标来衡量工作成效。他知道，终有一天，回报将大大超过付出。

"目光盯在回报上。"每当他慢慢入睡，耳边净是酒馆中村民的笑声时，他一遍遍地重复这句话。

时来运转

一天天、一月月过去了。有一天柏波罗意识到他的管道完成了一半，这意味着他只需提桶走一半路程了！柏波罗把额外的时间用来建造管道。完工的日期终于越来越近了。

在他休息的时候，柏波罗看到他的老朋友布鲁诺在费力地运水。布鲁诺比以前更加驼背了。由于长期劳累，步伐也变慢了。布鲁诺很生气，闷闷不乐，为他自己注定一辈子要运水而愤恨。

他开始花较少的时间在吊床上，却花更多的时间在酒吧里。当布鲁诺进来时，酒吧的老顾客都窃窃私语："提桶人布鲁诺来了。"当村上的醉汉模仿布鲁诺驼背的姿势和拖着脚步走路的样子时，他们咯咯大笑。布鲁诺不再买酒给人喝了，也不再讲笑话了。他宁愿独自坐在漆黑的角落里，被一大堆空瓶所包围。

最后，柏波罗的好日子终于来到了——管道完工了！村民们簇拥着来看水从管道中流入水槽里！现在村子里源源不断地有新鲜水供应了，附近其他村子的人都搬到这个村来，村子顿时繁荣起来。

管道一完工，柏波罗便不用再提水桶了。无论他是否工作，水总是源源不断地流入。他吃饭时，水在流入，他睡觉时，水在流入。当他周末去玩时，水在流入。流入村子的水越多，流入柏波罗口袋的钱也越多。

管道人柏波罗的名气大起来，人们称他为奇迹制造者，政客们称赞他有远见，恳请他竞选市长。但柏波罗明白他所完成的并不是奇迹，这只是一个很大、很大梦想的第一步。知道吗，柏波罗的计划大大超越了这个村庄。

柏波罗计划在全世界建造管道。

招募他的朋友帮忙

管道迫使提桶人布鲁诺失去了工作。看着他的老朋友向酒吧老板讨免费的酒喝，柏波罗心里很难受。于是柏波罗安排了一次与布鲁诺的会面。

"布鲁诺，我来这里是想请求你的帮助。"

布鲁诺挺起腰，眯着他那无神的眼睛，声音沙哑地说："别挖苦我了。"

71

"我不是来向你夸耀的，"柏波罗说，"我是来向你提供一个很好的生意机会。建造第一条管道花了我两年多的时间。但这两年里我学到很多！我知道使用什么工具、在哪里挖、如何排管。一路上我都做了笔记。我开发了一个系统，能让我们建造另一条管道，然后另一条……另一条……

　　"我自己一年可以建一条管道。但这并不是利用我的时间的最好方式。我想做的是教你建造管道……然后你教其他人……然后他们再教其他人……直到管道铺满本地区的每个村落……最后，全世界的每一个村子都有管道。"

　　"只要想一想，"柏波罗继续说，"我们只需从流进这些管道的水中赚取一个很小的比例。越多的水流进管道，就有越多的钱流入我们的口袋。我所建的管道不是梦想的结束，而只是开始。"

　　布鲁诺终于明白了这幅宏伟的蓝图。他笑了，他向他的老朋友伸出他那粗糙的手。他们紧紧地握住对方的手，像失散多年的老朋友那样拥抱。

在提桶世界里的管道梦想

　　许多年过去了。柏波罗和布鲁诺已退休多年。他们遍布全球的管道生意每年把几百万的收入汇入他们的银行账户。当他们到全国各地旅行时，柏波罗和布鲁诺遇到那些提水桶的年轻人，这两个一起长大的朋友总是把车停下来，将自己的故事讲给年轻人听，帮助他们建立自己的管道。一些人愿意听，并且立即抓住这个机会，开始做管道生意。但悲哀的是，大部分提桶者总是不耐烦地拒绝这个建造管道的建议，柏波罗和布鲁诺无数次地听到相同的借口。

　　"我没有时间。"

　　"我朋友告诉我，他认识的一个朋友试图建造管道，但失败了。"

　　"我这辈子一直都在提水桶，我只想维持现状。"

　　"我知道有些人在管道的骗局中亏了钱，我可不会。"

　　柏波罗和布鲁诺为许多缺乏远见的人感到悲哀。

　　但他们承认，他们生活在一个提桶的世界里，只有一小部分人敢做管道的梦。

心灵体验　　布鲁诺与柏波罗虽是一对好朋友，志向却大相径庭，其结果我们都看到了：立志高远，且有创新思想埋头苦干的柏波罗最终成为了生活的强者；而浅尝辄止没有毅力的布鲁诺就没那么幸运！

放飞思维

1. 请针对布鲁诺境况前后的变化与周围人对其态度的巨大落差分析作者的用意。

2. 细读文章,柏波罗变的坚定意志是否是由"畏难"、"懒惰"而生呢?如果确是如此,后文中他又为何可以克服巨大困难?

六个馒头

◆忆 馨

因为女孩子知道,同学们给她的是财富所不能买到的善良和真诚。他们的友谊就像春天里最明媚的那一缕阳光照射到她以后的人生道路上。

高一那年,年级组织去千岛湖春游。

那时候,我们年轻的班主任新婚度假,于是更为年轻的实习老师成了我们班的带队老师。实习老师一宣布这个令人兴奋的消息,教室里马上为大家的喧闹声所炸响。同学们纷纷问一些关于春游要注意的事项和所交的费用等问题,接着实习老师又问了一句:"大家还有什么问题吗?"很长的时间,没有人举手也没有人站起来,谁也没有注意到角落里来自山区的那个女孩子,她微举着手,手指却颤抖着没有张开来,颤巍巍的嘴唇一张一合却没有声音。很久很久,女孩子站了起来,用极低的声音问:"老师,我可以带馒头吗?"一阵其实并没有恶意的笑声刺激着女孩子,她的脸通红通红的,低着头默默地坐下,眼泪无声地沿着脸颊流了下来。漂亮的女实习老师走过去,抚摸着她的头说:"你放心,可以带馒头的,没事的。"

出发的前一天,女孩子拿着饭票买了6个馒头,然后低着头好像做贼似的跑回宿舍。宿舍里几个女同学正在收拾春游要带的零食,一边唧唧喳喳地讨论着什么。女孩子直奔自己的床,迅速地用一个塑料袋把馒头装了进去,女同学的讨论声似乎小了下去,女孩子的眼眶红了。

出发的那天下着雨,淅淅沥沥地洗刷着女孩子的心情,在她的背包里有6个馒头。女孩子没有带伞,只好和别的同学挤在一把伞下,为了不因为自己而使同学淋湿,女孩子不住地把伞往同学那边移,等赶到目的地千岛湖时,女孩子的一半身子湿漉漉的,身上的背包也湿漉漉的。大家纷纷冲向饭馆吃饭去了,女孩子一个人呆在招待所里,等大家都走完以后才从背包里取出馒头。可是,由于塑料袋破了一

73

个洞,湿透背包的雨水将馒头泡透了,女孩子就这样一边流泪一边嚼着被雨水浸泡过的馒头。

女孩子还没有吃完一个馒头,同学们就回来了。她没有料到她们会回来得这么快,来不及藏起湿透了的馒头,只好匆忙地往还没有干的背包里塞。班长妍突然说,哎呀,我还没有吃饱呢,能给我吃一个馒头吗?女孩子不好意思摇头也没有点头,妍已经打开她的背包啃起馒头来。其他几个同学也纷纷走过来拿起馒头一边嚼一边说,其实还是学校食堂做的馒头好吃。转眼,女孩带来的六个馒头都被同学们吃完了,女孩子看着空了的背包只有无声地落泪。

第二天,到了大家该吃早饭的时候,女孩子偷偷一个人走了出去。雨已经停了,女孩子的心却在落泪,如果不是自己央求父亲借钱交了车费本来就可以不来的,可是山水是那么秀美,女孩子怎能不心动?女孩子在招待所附近的一座矮山上一边后悔一边默默地落泪。是班长妍最先找到女孩子的,妍拉起她的手就走,说:我们吃了你带来的馒头,你这几天的饭当然要我们解决呀!女孩子喝着热腾腾的粥吃着软软的馒头,眼圈红红的。

后来总有人以吃了女孩子的馒头为理由请她吃饭,使她不再嚼着干涩难咽的馒头,使她可以和所有其他同学一样吃着炒菜和米饭。女孩子的脸上渐渐有了笑容,她默默接受了同学们不着痕迹的馈赠,默默地享受着这份单纯却丰厚的友谊。女孩子没有什么可用来感谢她的同学,只有用更努力的学习,更积极地去帮助别人和总是抢先打扫宿舍卫生来表示她的感激。后来,这个女孩子不仅是班里学习最好的一个,也是人缘最好的一个。

因为女孩子知道,同学们给她的是财富所不能买到的善良和真诚。他们的友谊就像春天里最明媚的那一缕阳光照射到她以后的人生道路上。

心灵体验

世界上没有比友谊更好、更令人愉快的东西了。没有友谊,世界仿佛失去了太阳。谁要在世界上遇到过一次友爱的人,体会过肝胆相照的境界,就是尝到了天上人间的欢乐。

放飞思维

1."她没有料到她们会回来得这么快。"请你做合理想像,给出她们回来这么快的原因。

2.为什么说这馈赠是"不着痕迹的"?为什么说这友谊"单纯却丰厚"?

先把帽子扔过墙

◆吴 楠

> 我做了个深呼吸,向这个以前频繁嘲笑我的人走过去。在一份不知道会不会成为友谊的面前,我依然愿意先把帽子抛过墙。

2002年,我带着某函授班的西班牙语甲等证书南下深圳去找工作,我的理想是当一名翻译。招聘会上,我勉强通过了笔译这一关,可到了口译和听译时,凭着单词量大才得到甲级证书的我却只能说结结巴巴的"中式外语"。对方见我的笔译还可以,便问:"我们还有一份打字员的工作,你愿意做吗?"就这样,我成了"利来"翻译公司的员工,只是离我心爱的翻译工作还很远。

听说新员工欢迎会上需要一名主持人,为了给未来的同事们留下一个好印象,我也不知道哪里来的勇气,大声说:"让我来做吧!"老板略带狐疑地看了看我,"也好,你只需把串联词背流利就行了。"

在小镇长大的我哪里见过这样盛大的场面:精美的自助晚宴、豪华的舞池和衣着不凡的员工。在光亮耀眼的聚光灯下,我的脑中一片空白,呆立在那里。会场马上骚动起来,最后只能由老板上来打圆场。第二天,当我走进办公室的时候,看见有人掩嘴窃笑:"没那个本事,夸什么海口啊!"我觉得丢人极了,只能红着脸坐在打字机前。如果不是那张通知,大概连我自己也没有勇气提起曾经的梦想——当一名翻译。

那张贴在入口处的通知上写着:由于业务量增大,需要会第二外语的翻译,特别是西班牙语和波兰语。当人们慢慢散去时,我还站在通知前,反复地问自己,"吴楠,你要不要吹一次'牛',让老板再给你一次机会?"正犹豫着,一个婀娜的身影走过来,扫了我一眼,语气尖酸地说:"小姑娘,量力而行啊!"原来是刘婷。她在"利来"算元老级人物,平时就数她喜欢打趣我的往事了。

我思前想后,越想心越烦,索性一咬牙冲进了老板的办公室,一口气说下去,"老板,我是学西班牙语的,虽然我的口语不好,但我可以练习!"老板放下正在处理的事情,抬头说:"那么,你说几句我听听。"虽然我尽量用流利的西班牙语应对,可他失望的脸色告诉我:我还是失败了!老板挥了挥手:"先回去工作吧!"我垂头丧气地拉开门,开到一半,又不甘心地转过身来:"请您再给我一段时间,我一定让您满意!"老板头也不抬地说:"那你一个月后再来吧!"

我兴高采烈地回到那台小小的打字机前。不一会儿,刘婷捧着一摞资料走过

75

来:"听说你去面试了?"我点点头:"老板给了我一个月的时间。""那不过是安慰你呢!"刘婷重重地放下手中的资料,"下班之前必须打好!"我的心里难过起来,难道自己做错了吗?我非常喜欢西班牙的一句谚语:"面对一座高墙,却没有勇气翻越时,不妨先把自己的帽子扔过去。"先把帽子扔过墙,就意味着一定要翻过高墙才能把帽子取回来;先把帽子扔过墙,就帮助自己下定了决心。

  我把几个月口挪肚攒的钱全都花在了磁带和书籍上,因为我已经当着老板的面,把帽子扔过墙了,现在不能退缩,只能想办法翻过这堵墙!我夜以继日地听着、读着。打字的时候、吃饭的时候、走路的时候、坐公共汽车的时候,甚至睡觉的时候,我的耳朵里都塞着耳机,口袋里放着单词手册。

  一个月很快就过去了。我的调动通知贴出来时,大家纷纷走过来祝贺我,刘婷在一边不好意思地望着我。我做了个深呼吸,向这个以前频繁嘲笑我的人走过去。在一份不知道会不会成为友谊的面前,我依然愿意先把帽子抛过墙。

心灵体验

  面对高墙,你想翻过去,就得有勇气。把自己的帽子扔过去,就是在帮助你更加坚强你的信心。没有爬不过的山,没有趟不过的河,只要你努力,没有什么不可以做得到的。

放飞思维

  1. 吴楠的成功缘于什么?
  2. 西班牙谚语:"面对一座高墙,却没有勇气翻越时,不妨先把自己的帽子扔过去。"与我们中国的哪些俗语或谚语相仿?请你说说看。

态度决定人生

◆ 桑 璇

> 许多东西我们无从选择，而我们能够选择的，是一份人生的态度；或者可以说，什么样的态度决定了什么样的人生。

95级的学生毕业四年了，但是总让我想起班里的两个女孩——雯和娟，一样的灵秀可人，一样的聪明勤奋，每次考试班里前两名的位置总是被她俩把持。她们一个来自河南的农村，一个来自广西的深山，是两个特困生。她们穿着最朴素的衣服，吃着简单的饭菜，却对学业孜孜以求。

年轻人总是热情洋溢的，班里不断有同学给予她俩一些力所能及的帮助，帮她们找兼工，请她们到家里做客，甚至送一些吃的、穿的。作为老师，我也常常被这样的氛围所感动。

然而时间长了，觉得两个女孩的状况有些微妙的变化。开朗快乐的雯和同学们的关系越来越融洽，学校提供机会给学生勤工俭学，雯愉快地接受了扫楼的工作，课业之余，雯和大家一起搞社团、排话剧、逛街，到处见到她灿烂的笑容。而内向的娟越来越不苟言笑，总见她一个人孤零零地来，孤零零地去。娟在学校商务中心打工，一次为赶论文，她帮我打字到凌晨，我真心地感谢她，却不想娟淡淡地说："不谢，这些活儿本就该我们这样的人干。"娟的语气让我愕然。

毕业后，我常常听到她们的消息，雯做过营销，当过记者，后来成功地应聘到一家著名的模特经纪公司做助理，雯打电话来报喜，我开玩笑地问："每天周围美女如云，她们收入高得离谱，你自己辛辛苦苦地挣薪水，心理没有不平衡？"电话那端雯爽爽地说："各人有各人的人生啊！她们一天到晚地排练，赶演出，节食，哪有我这样过得轻松！模特吃青春饭，不知明天怎么样，压力蛮大呢！"

娟也若干次跳槽，但是境遇不太理想，听说她总是与同事处不好关系，抱怨周围的人们势利、欺生，感慨人情冷暖，总把自己包裹得严严的防备着别人，让人不舒服。

听说过一个真实的故事，有一个人盗、抢、诈骗，恶贯满盈被判终身监禁，入狱时一对双胞胎的儿子才刚刚3岁。30年后他的大儿子一样地作恶多端被判极刑，小儿子却凭着不懈的努力成了远近闻名的地产大王。记者闻讯分别采访了两个儿子为什么有了不同的人生，没想到两个人的答案竟然不谋而合："有这样一个父亲,我又能怎么样呢?"

许多东西我们无从选择,而我们能够选择的,是一份人生的态度;或者可以说,什么样的态度决定了什么样的人生。

心灵体验

一样灵秀可人、聪明勤奋的两个女孩,一个活泼轻松、乐观向上,一个则不苟言笑、郁郁寡欢,条件差不多,但生活观迥异;同样是双胞胎兄弟,同是一个父亲,却一个成为囚徒,一个成为成功的企业家。这两个例子告诉我们:态度决定人生,我们抱着怎样的态度就会有怎样的人生。

放飞思维

1. 娟的境遇不理想是与她来自深山穷地有关吗?
2. 双胞胎兄弟不同的人生,却是因为同一句话:"有这样一个父亲,我又能怎样呢?"他们各自是如何理解这句话的?

笨小孩

◆彭海清

就像黑云经过太阳的亲吻也会变成绚丽的彩霞,再笨的小孩,有父母的爱和呵护,也会长成顶天立地的栋梁。

小时候,我在村里是出了名的笨孩子。

六年级时,父亲带我去交公粮。出纳算了账,父亲觉得不踏实,便又偷偷叫我重算了一遍,结果和出纳的数目相差十几块!父亲在得到我的肯定后和出纳吵了起来,目不识丁的父亲只相信自己的儿子,居然和相交几十年的老友吵得面红耳赤!我心虚地又算了一遍,天啊!竟然是我错了!那一刻我愧疚得要死,父亲喋喋不休的争辩也一下子顿住了。那一刻,我清晰地见到父亲的脸一下子变得铁青,手也在不停地颤抖,他久久地盯着我,不发一言,然后在众人的哄笑声中拉了我便走。

也许是智商有限加上读书不用功,虽然花了时间早起晚睡很认真去做,我每次考试的成绩总不理想,且往往被老师留堂。父母来校接我时总要被老师数落一通,他们只能满脸通红地彼此安慰说,孩子还没通性,由着他吧,长大了会自觉的,别逼着他了。显然他们彼此都很清楚自己的儿子不折不扣地笨,却仍善意地期望着。

懵懵懂懂地长到12岁,我的思想第一次发生了重大转变。

那年初秋,天气特别炎热。刚割完早稻,父母出工去了,叫我在家门口晒谷子。中午的时候,我望了一眼万里无云的天空,心想不会下雨吧,便跑去不远的小河里游水。正游得开心,大雨骤然而至,我光着身子拼命地跑到家里的时候,父亲正拿着扫帚拼命地堵截那些随水流四围乱窜的谷。见我回来,就扬起扫帚。我一见吓坏了,扭头就跑,慌不择路地跑进了一条山沟,一不小心掉进了水沟,水势湍急,一下将我冲出老远。夹杂在水里的荆条又火上浇油,我心里一急一痛,便昏了过去。后来听说,父亲当时吓坏了,背着我没命地往医院跑,鞋子跑没了,上衣跑没了,裤子也撕破了。半路上,母亲听到消息追上来,便轮流背着,一直背到30多里外的医院。母亲有腿疾,走路本来就一颠一颠的,我无法想像那段路她是怎样挺过来的。十多年后的今天,我每每想起父母在那条山道上心急如焚地奔跑,泪水便会不由自主地流出来,心中也悔恨不已。

看到我醒来,父母喜极而泣,抱头大哭。泪水滑过他们憔悴的脸庞,滴落在他们血痕斑斑的脚上,触目惊心!其实当时我只是惊吓过度,医生说,在家静养一下就行了。但父母的小题大做却唤醒了我那麻木沉睡的心。父母的泪水让我一下子长大了,那一刻,我突然意识到即使愚笨如我,也是父母心中的最爱啊!

那年期末,我破天荒考了全班第一。邻居说这娃子就是命硬,这水中一浸不但没有浸出问题,反而把人给浸聪明了。只有我知道,正是父母的爱让我滋生了强烈的愿望——我要用最好的成绩来给父母争光。全班第一的荣耀让父母骄傲了好久,他们屡屡将我作为弟弟妹妹们的榜样。这让我开心了好久,以至于慢慢养成了读书的习惯,一读读到大学毕业。

我至今仍不知道自己的智商是高是低,也许,这对人的一生并不重要,重要的是有怎样的父母。从懵懂到明事,其实只是一桥之隔,父母温和宽厚的爱是孩子跨过这座桥的动力。就像黑云经过太阳的亲吻也会变成绚丽的彩霞,再笨的小孩,有父母的爱和呵护,也会长成顶天立地的栋梁。

心灵体验

双亲,请让我为您拭泪!是您用温和宽厚的爱帮孩子跨越一道道坎。

我们不必再去谈论父爱如山的厚重,也不必再去议论母爱如

79

海的浩瀚，当你拥有时，你便是幸福的，当你珍惜时，你便长大了，即便你是再笨的小孩。

放飞思维

1. 邻居的想法和"我"的认为截然相反，你同意哪个观点？为什么？
2. 结合现代年轻人的行为，你认为文中的父母是否比现代的父母会教书育人些吗？

拾取逝去生命的碎片

◆叶广芩

那一个个生命的逝去，已残缺为一块块记忆的碎片；捡拾这些碎片是对生的体味，对命的审视，是咀嚼一颗颗苦而有味儿的橄榄。

我学医、行医加起来前后有20年，20年的时间里看到了不少生与死：生命的诞生大致相同，但生命的逝去则千态万状，让人刻骨铭心，难以忘却。我常想起那些与我擦肩而过却又归于冥冥之中的生命，想起他们起步的刹那以及留给生者的思索，从而感到生与死连接的紧密与和谐。那一个个生命的逝去，已残缺为一块块记忆的碎片；捡拾这些碎片是对生的体味，对命的审视，是咀嚼一颗颗苦而有味儿的橄榄。

那时年轻，不知何为生死，我的班长与我是"一帮一，一对红"，我们常常坐在水泥池子的木板上谈心。我们谈的常是一些很琐碎的事情，诸如跑操掉队、背后议论人、梳小辫臭美等。我们屁股下面的池子里，黄色的福尔马林液体中泡着三具尸体，两男一女，他们默默地听了不少我们之间的事情。

有一天，班长说，他将来死后要把遗体献给学校，为医学教育做贡献，我才突然觉得池子里面躺着的是三个"人"。

水泥池子上的木板很硬，很凉，药水的气味也很呛人。

"文革"时，他从八楼顶上跳下来，当时我恰巧从下面走过，他摔在我的面前，我下意识地奔过去，以为这是一个玩笑。他很平静地侧卧在地上，没有出血；脸色也相当红润。他看着我，想说什么，嘴唇动了一动，但只是两三秒的工夫，面部的血色便褪尽,眼神也变得散淡,我随着那目光追寻,它们已投向了遥远的天边。

三天后我看见他从湖南赶来的老父亲默默地坐在太平间的台阶上,望着西天发呆,老人的目光与儿子的如出一辙。

西面的天空是一片凄艳的晚霞。

她是个临产的产妇,长得很美,在被我推进产房的时候她丈夫拉着她的手,她丈夫很英俊。这是对美丽的夫妻,他们一起由南方调到这偏僻的山地搞原子弹。平车在产房门口受到阻滞,因为夫妻俩那双手迟迟不愿松开。孩子艰难地出了母腹,是个可爱的男婴,却因脐带绕颈而窒息死亡,母亲突发心衰,抢救无效,连产床也没有下……这一切前后不到两个小时……

我走出产房,丈夫正在门外焦急地等候,我把这个消息告诉他,他说,我想躺一躺,我把他安排在医生值班室让他歇息。

半个小时以后,我看见他慢慢地走出了医院大门。

儿子在母亲的病床旁,须臾不敢离开,医生说就是这一两天的事。儿子才从大学毕业,是独子,脸上还带着未经世事的稚气。母亲患了子宫癌,已无药可治。疲惫不堪的儿子三天三夜没有合眼,母亲插着氧气在艰难地喘息,母子俩都怀着依依难舍的心紧张地等待着那一刻的到来。中午,儿子去食堂买饭,我来替他守护,母亲一阵躁动,继而用目光寻找什么,喉咙里发出呼噜呼噜的声响,我赶紧到她跟前,那目光已在失望里定格。

儿子回来,母亲的一切都已结束,他大叫一声扑过去,将那些撤下来的管子不顾一切地向母亲身上使劲插……

撒在地上的中午饭深深地印在了我的脑子里。

我给这个6岁的男孩做骨髓穿刺的时候孩子咬牙挺着,孩子的母亲在门外却哭成了泪人儿。粗硬的带套管的针头扎进嫩弱的髂骨前上脊,那感觉让我战栗,是作为医生不该有的战栗,我知道,即使打了麻药,抽髓刹那的疼也是难以忍受的,而孩子给我的只是一声轻轻的呻吟。取样刚结束,孩子的母亲就冲进治疗室,一把抱起他的儿子,把他搂得很紧很紧。孩子挣出他母亲的搂抱。回过身问我:"这回我不会死了吧?"我坚定的回答:"不会。"

半个月后,孩子蒙着白布单躺在平车上被推出病房,后面跟着他痛不欲生的母亲。临行前,我将孩子穿刺伤口的纱布小心取下,他在那边应该是个健康、完整的孩子。辚辚的车声消逝在走廊尽头,留下空空荡荡一条楼道。

她是养老院送来的,她说她不怕死,怕的是走之前的孤独。我说我会在她身边的。她说,我怎么知道你在呢,那时候我怕都糊涂了。我说我肯定在。她说,都说人死的时候灵魂会与肉体分离,悬浮在空气中,我想那时我会看见你的。于是她就去

81

看天花板,又说,要是那样我就绕在那根电线上,你看见那根电线在动,就说明我向你打招呼呢。我笑笑,把这些看做病人的遐想。

她临终时我如约来到她的床前,她没有反应,其实她在两天前就已经昏迷。她死了,我也疲倦地靠在椅子上再不想动,无意间抬头,却见电线在猛烈地摇晃。

窗外下着雨,还有风。

……这样的碎片于每位医生都会有很多,它们并不闪光,它们也很平常,但正是在这司空见惯中,蕴含着一个个你我都要经历的故事,我们无法回避,也无法加以任何评论,我们只能顺其自然。生命是美好的,生命也是艰难的,有话说"未知生焉知死",我想它应该这样理解,"未知死焉知生"。我想起1985年在日本电视里看到的一个情景,那年8月,由东京飞往名古屋的波音747飞机坠毁在群马大山,全机224人,220人遇难。飞机出事前的紧急关头,一位乘客匆忙中写下了一张条子:感谢生命。

心灵体验

提到生,人们往往兴味盎然;提到死,人们总是三缄其口。其实又何必呢?有生就有死,有死才有生啊!平静地对待死,我们才会更好地享受生命!感谢生命!

放飞思维

1. 作者拾取逝去生命碎片的真正目的是什么?
2. 怎样理解"却见电线在猛烈地摇晃"和"窗外下着雨,还有风"这两句话?

苦难真的是财富?

◆任 何

那么,让苦难不再成为屈辱的前提是:坚强面对,不屈不挠,勇于奋斗,最终战胜苦难,让它成为你人生中真正值得汲取的财富!

"苦难是人生的一笔财富。"这是人们常说的一句激励、奋进的话,但学会正确对待苦难更有现实的意义。毕竟,苦难不是幸事,也不是每个人都能承受得起的。

在一次聚会上,那些堪称成功的实业家、明星谈笑风生,其中就有著名的汽车商约翰·艾顿。艾顿向他的朋友、后来成为英国首相的丘吉尔回忆起他的过去——他出生在一个偏远小镇,父母早逝,是姐姐帮人洗衣服、干家务,辛苦挣钱将他抚育成人。但姐姐出嫁后,姐夫将他撵到了舅舅家,而舅妈更是刻薄,在他读书时,规定每天只能吃一顿饭,还得收拾马厩和剪草坪。刚工作当学徒时,他根本租不起房子,有将近一年多时间是躲在郊外一处废旧的仓库里睡觉……

丘吉尔惊讶地问:"以前怎么没有听你说过这些?"艾顿笑道:"有什么好说的呢?正在受苦或正在摆脱受苦的人是没有权利诉苦的。"这位曾经在生活中失意、痛苦了很久的汽车商又说:"苦难变成财富是有条件的,这个条件就是,你战胜了苦难并远离苦难不再受苦。只有在这时,苦难才是你值得骄傲的一笔人生财富,别人听着你的苦难时,也不觉得你是在念苦经了,才觉得你意志坚强,值得敬重。但如果你还在苦难之中或没有摆脱苦难的纠缠,你说什么呢?在别人听来,无异于就是请求廉价的怜悯甚至乞讨……这个时候你能说你正在享受苦难,在苦难中锻炼了品质、学会了坚忍。否则,别人只会觉得你是在玩精神胜利、自我麻醉吧。"

艾顿的一席话,使丘吉尔重新修订了他"热爱苦难"的信条。他在自传中这样写道——苦难,是财富还是屈辱?当你战胜了苦难时,它就是你的财富;可当苦难战胜了你时,它就是你的屈辱。

那么,让苦难不再成为屈辱的前提是:坚强面对,不屈不挠,勇于奋斗,最终战胜苦难,让它成为你人生中真正值得汲取的财富!

心灵体验 艾顿的话太精辟了,苦难是不是财富的确有它的前提条件。只有当你战胜了苦难,从苦难中走出来时,这时才叫做是你的财富;否则,苦难就是你的屈辱!

放飞思维
1. 你对艾顿的话作何理解?
2. 丘吉尔为什么要修订他的"热爱苦难"的信条?

把过错揽到自己身上

◆阿健 编译

> 要知道,我们是依赖顾客生存的商店,不是明辨是非的法庭呀!怎样与顾客打交道,是我们最重要的课题!

沃道夫受雇于一家超级市场,担任收银员。有一天,他与一位中年妇女发生了争执。

"小伙子,我已将50美元交给您了。"中年妇女说。

"尊敬的女士,"沃道夫说,"我并没收到您给我的50美元呀!"

中年妇女有点儿生气了。沃道夫及时地说:"我们超市有自动监视设备,我们一起去看一看现场录像吧。这样,谁是谁非就很清楚了。"

中年妇女跟着他去了。录像表明:当中年妇女把50美元放到一张桌子上时,前面的一位顾客顺手牵羊给拿走了,而这一情况,谁都没注意到。

沃道夫说:"女士,我们很同情您的遭遇。但按照法律规定,钱交到收款员手上时,我们才承担责任。现在,请您付款吧。"

中年妇女的说话声音有点儿颤抖:"你们管理有欠缺,让我受到了屈辱,我不会再到这个让我倒霉的超市来了!"说完,她气冲冲地走了。

超市总经理吉拉德在当天就获悉了这一事件。他当即作出了辞退沃道夫的决定。

一些部门经理,还有超市员工都找到吉拉德来为沃道夫说情和鸣不平,但吉拉德的意志很坚决。

沃道夫很委屈。吉拉德找他谈话:"我想请你回答几个问题。那位妇女作出此举是故意的吗?她是不是个无赖?"沃道夫说:"不是。"

吉拉德说:"她被我们超市人员当做一个无赖请到保安监视室里看录像,是不是让她的自尊心受到了伤害?还有,她内心不快,会不会向她的家人、亲朋诉说?她的亲人、好友听到她的诉说后,会不会对我们超市也产生反感心理?"

面对一系列提问,沃道夫都一一说"是"。

吉拉德说:"那位中年妇女会不会再来我们超市购买商品?像我们这样的超市在纽约有很多,凡是知道那位中年妇女遭遇的她的亲人会不会来我们超市购买商品?"沃道夫说:"不会。"

84

"问题就在这里,"吉拉德递给沃道夫一个计算器,然后说,"据专家测算,每位顾客的身后大约有250名亲朋好友,而这些人又有同样大的正效应。假设一个人每周到商店里购买20美元的商品,那么,气走一个顾客,这个商店在一年之中会有多少损失呢?"

几分钟后,沃道夫就计算出了答案,他说:"这个商店会失去几十万甚至上百万美元的生意。"

沃道夫说:"通过与您谈话,使我明白了您为什么要辞退我,我会拥护您的决定。可是我还有一个疑问,就是遇到这样的事件,我应该怎么去处理?"

吉拉德说:"很简单,你只要改变一下说话方式就可以。你可以这样说:'尊敬的女士,我忘了把您交给我的钱放到哪里去了,我们一起去看一下录像好吗?'你把'过错'揽到你的身上,就不会伤害她的自尊心。在清楚事实真相后,你还应该安慰她、帮助她。要知道,我们是依赖顾客生存的商店,不是明辨是非的法庭呀!怎样与顾客打交道,是我们最重要的课题!"

心灵体验

沃道夫最终明白了被经理辞退的原因:商场不是法庭,不是明辨是非的场所,要懂得如何与顾客打交道,实际上也是要懂得怎样为人处世啊!

放飞思维

1. 按照经理的逻辑,每个顾客为什么会产生如此大的经济效益?
2. 通过阅读此文,你有什么感悟?

精神救助

◆张 莉

我糊涂了:究竟是我从经济上救助了范春芳,还是范春芳从精神上救助了我?

我一直以为自己是一个善解人意的女人,在别人需要的时候,能够解囊相助。可是,一个14年没见过火车,没看过电视,连50元人民币都没见过的山沟里的小

有一种美德叫微笑

女孩,面对我的盛情邀请,竟然对城市的繁华不感兴趣!

有一年,我在朝阳市凌源县瓦房店乡百车沟小学采访一位小学教师时,那女孩从门缝里盯了我好久,我笑,她也笑。老师介绍说,她叫范春芳,好学生。家里爸爸傻、妈妈哑,生活可困难了。两次辍学,她靠养鹅、采药卖钱又回到了学校。

夏天,在女儿的催促下,我接她来沈阳度假。我们登彩电塔,逛公园,吃烧烤,唱卡拉OK,她却木然,一路上总是问我:"阿姨,妹妹的旧书能给我几本吗?""那当然。你头一次来市里,玩够了再说。"她只好不做声。

晚上,我和女儿的说话声、电视的吵闹声都没能转移她的注意力,她先把女儿给她的旧书揣进书包,又拼命地从女儿的新数学书上往下抄题。我问她明天还想去哪里玩,她说哪也不去了,想做完50道题,不会还可以问妹妹。也许她懂得,这个繁华的城市不属于她,学到手的知识才是自己的,谁也夺不去。

我极力想给她的却不是她所要的,我很沮丧。

范春芳来时穿了一件长长的金黄色的衫子,显然是成人穿过的旧衣服。可她说这还是村长从救灾衣服里挑出的最鲜艳的一件呢。女儿听得鼻子发酸,就从衣柜里往外掏衣服。她拿出一套蓝白相间的学生套装递给范春芳时,我的心里就翻腾一下,那是我在女儿生日时花120元买的新衣服呀。"这衣服姐姐穿太大,不合适。"我拦了一下。"上衣是短袖,下边是裙子,有什么不合适的。"女儿没明白我的意思。范春芳明白了:"妹妹你留着吧,这衣服太洁净,不抗脏。你再给我几本用过的旧练习册吧。"女儿不由分说,先把衣服塞进她的包,又去找练习册。我有些不好意思,给她200元钱,她说,学费您已经给我交了两年了,我不要。"拿着,这是零花钱。"我也硬把钱塞进了她的包。

第二天,范春芳要和校长回家了,她抱着我的腿哭了半天:"干妈,我一定好好学习,对得起你。"我嗓子发紧。

从车站回来,女儿告诉我,枕头下压着那套新衣服和200元钱。还有一张纸条:"干妈,东西不带了,共拿走书21本,谢谢您和妹妹。"

我突然感到这童心折射出我的心理残缺:自信掩盖着虚荣,善良掺杂着自私。自己的慷慨是有条件的,因为自己已经不需要了;而那孩子就在我这自私的施舍中感激涕零。我糊涂了:究竟是我从经济上救助了范春芳,还是范春芳从精神上救助了我?

心灵体验

当我们把日子过得略微舒适些时,我们开始放射我们的爱心。细想起来,献出的衣服都是永远打入冷宫的;捐出的书本都是永远不会再光顾的;捧出的爱心都是为了证明我们的优越和慷慨的……有时真不明白,是我们献出了爱心,还是别人拯救了我们的灵魂?

放飞思维

1. 作者在为"自己的慷慨是有条件的"做着灵魂解剖,请你说说你认为什么才是真正的"慷慨"。
2. 从母女二人赠送衣物的细节,你读出了什么?

难忘的体罚

◆[英]兰妮·麦克穆林

> 我们的教育以诚实为宗旨。我绝不允许任何人在这里自欺欺人,虚度时日。

也许,在这个世界的其他地方同样也有威信极高而能使所有学生都敬畏如神仙的老师,但肯定不会有哪位老师会像在我们镇上呆了30多年的弗洛斯特女士那样,差不多成了全镇老少的严师,让大家都服膺于心。

我不知道她是如何走进众人的心底的,至于我,那是因为一次难忘的体罚:挨板子。

那是一次数学考试。试前,弗洛斯特女士照例从墙上把那块著名的松木板子取下来,比试着对我们说:"我们的教育以诚实为宗旨。我决不允许任何人在这里自欺欺人,虚度时日。这既浪费你们的时间,也浪费我的时间,而我早已年纪不轻了,奉陪不起——好吧,下面就开始考试。"说着,她就在那张宽大的橡木办公桌后坐了下来,拿起一本书,径自翻了起来。

我勉强做了一半,就被卡住了,任凭绞尽脑汁也无济于事。于是,我顾不得弗洛斯特女士的禁令,暗暗向好友伊丽莎白打了招呼。果然,伊丽莎白传来了一张写满答案的字条。我赶紧向讲台望了一眼——还好,她正读得入神,对我们的小动作毫无察觉。我赶紧把答案抄上了试卷。

这次作弊的代价首先是一个漫长难熬的周末。晚上,又翻来覆去难以入眠,才迷糊过去,又被噩梦惊醒——连卧室墙上那些歌星舞星们的画像似乎都变成了弗洛斯特女士,真让我心惊肉跳!早就听人说过,教室里一只蚂蚁的爬动也逃不过弗洛斯特女士的眼睛,这么说,她现在只是故意装聋作哑罢了。思前想后,我打定主意,和伊丽莎白一起去自首。

周一下午,我们战战兢兢地站到了老师身边:"我们知道错了,我们以后永远不做这种事了,就是……"(没说出口的是"请您宽恕!")

"姑娘们,你们能主动来认错,我很高兴。这需要勇气,也表明你们的向善之心。不过,大错既然铸成,你们必须承受后果——否则,你们不会真正记住!"说着,弗洛斯特女士拿起我们的试卷,撕了,扔进废纸篓。"考试作零分计,而且——"

看到她拿起松木板子,我们都惊恐得难以自持,连话也说不囫囵了。

她吩咐我们分别站在大办公桌的两头,我们面面相觑,从对方的脸上看到自己的窘态。"现在你们都伏在自己身边的椅背上——把眼睛闭上,那不是什么好看的戏。"她说。

我抖抖索索地在椅背上伏下身子。听人说,人越是紧张就越会感受到痛苦,老师会先惩罚谁呢?

"啪"的一声,宣告了惩罚的开始。看来,老师决定先对付伊丽莎白了。我尽管自己没挨揍,眼泪却上来了:"伊丽莎白是因为我才受苦的!"接着,传来了伊丽莎白的呜咽。

"啪"打的又是伊丽莎白,我不敢睁开眼睛,只是加入了大声哭叫的行列。

"啪"伊丽莎白又挨了一下——她一定受不了啦!我终于鼓起了勇气:"请您别打了,别打伊丽莎白了!您还是来打我吧,是我的错!——伊丽莎白,你怎么了?"

几乎在同时,我们都睁开了眼睛,越过办公桌,可怜兮兮地对望了一下,想不到,伊丽莎白竟然红着脸说:"你说什么?是你在挨揍呀!"

怎么?疑惑中,我们看老师正用那木板狠狠地在装了垫子的座椅上抽了一板:"啪"。哦,原来如此!

——这便是我们看到的"体罚",并无肌肤之痛,却记忆至深。在弗洛斯特女士任教的几十年中,这样的体罚究竟发生了多少回?我无从得知。因为有幸受过这种板子的学生大约多半会像我们一样:在成为弗洛斯特女士的崇拜者的同时,独享这一份秘密。

心灵体验　弗洛斯特女士不仅有双明察秋毫的眼,更重要的是有一颗善良慈母般的心。她对学生的爱,胜过严父慈母,对学生的道德品质的教育,让学生铭记终生。能享受她的这份爱,便是自己人生中的一大财富。

放飞思维

1. 你认为伊丽莎白她们作弊被老师看见了吗?
2. 弗洛斯特女士的体罚为什么会让学生铭记终生?有什么特殊之处?

储蓄尊严

◆ 莫小米

当你年迈体弱时,如果你有足够的人格储备,有足够的学识储备,包括有足够的物质储备,那么毫无疑问,你当然会有足够的尊严。

初冬黄昏的冷雨中,那老人仍然站在望得见大路的拐角处。所有的人都知道,他是在等他的孙女,一年四季,天天如此。

有一天,我下班时,看见一个高而胖的女孩骑自行车从老人身边一掠而过,之后老人便慢慢朝家的方向走去。原来他的孙女已经是个高中学生了,她根本无需他等,也不屑他等。原来老人等孙女只是个借口,为了暂时躲开下班后一面做饭一面骂骂咧咧的儿媳妇,为了可以名正言顺地在外面呆上一会儿,为了一个上岁数的人起码的尊严。

老人的经历是陆陆续续听说的。这人年轻时日子过得很浑,该会的不会,不该会的都会了。没给妻儿带来幸福,却给他们造成了无尽的痛苦。妻子死于中年,儿子年近四十才娶上一个年轻而丑陋的媳妇。媳妇性情凶悍,儿子长年沉默得像块石头。如今他老了,一无所能,一无所有,无依无靠,儿子收留了他,媳妇骂归骂,到底也接纳了他。

曾经同情他的邻居们,后来就不再同情他了。不是吗?他曾恣意挥霍了所有应当努力的、应当尽责的岁月,那么,到了本应颐养天年的日子,他得不到后辈的尊敬也是毫不奇怪的了。但我仍有一点点同情他,不是在儿媳妇骂他"老不死"的时候,而是不分春夏秋冬,见他在大路拐角处等待孙女的时候。他终于也知道人活着要有尊严啊,这时他一定为年轻时的所作所为而深深地后悔了吧。

"尊老"固然是被倡导的美德,可是人的尊严不是别人赐予的,而是自己争取来的。

一个人年轻时的努力,除了安身立命,除了造福人类,还在为自己储蓄一份尊

89

严。当你年迈体弱时,如果你有足够的人格储备,有足够的学识储备,包括有足够的物质储备,那么毫无疑问,你当然会有足够的尊严。

如果你是个年轻人,我劝你一定要给老人以尊严,无论他曾经多么窝囊多么荒唐也要给他一些,因为他已经来不及储蓄了。

但如果你是个年轻人,我劝你一定也要为自己储蓄尊严,到老来你才会有握在手心里的真正的尊严。

心灵体验

一个人年轻时的努力,既是为社会作贡献,也是为自己在储蓄享受。当你年老力衰时,想做努力都已来不及了。所以说,年轻的人们,努力吧!

放飞思维

1. 文中对年轻人有哪两次要求或期望?
2. 为什么一定要给老人的尊严?其理由是什么?

大自然从不执著

◆华 韵

因为不坚持,天空的云才能展现万般风貌;因为不恋栈,树木才有春天的新生;因为不停留,小溪才能涓流不息。

一位还在夜间部念书的女性朋友最近做了一次感情上的决定,在两位交往的朋友之中,选择了较晚出现的一位。她告诉我,那位她选择"分手"的朋友,在得知是因为她选择了另一个人之后,对她表白:每天晚上9点到10点,当她下课回家的时刻,他会在她必须经过的巷口等她;如果有一天,她回心转意了,随时可以去找他。

这种故事似曾相识,在每个角落、每个时刻不断地发生,甚至我们自己就曾说过类似的话,做过相近的事。我们往往把这种情况称为"执著",而且似乎还同情甚至期待这种对于感情的执著。"地老天荒海枯石烂"的爱情,即使我们嘴巴不说,心里面还是多多少少有着向往与憧憬的。

其实，我们不只执著于感情，我们也常要求、砥砺别人必须执著于理想。我们赞美"数十年如一日"的毅力与恒心；也常激励人们为了那"一朝功名"的目标，必须能够坚忍"十年寒窗"的寂寞与辛苦。如果谈得更细微一些，每个人的价值体系里，属于个人的执著就更多了，不论是政治立场、人际关系、感情对象，甚至生活习惯，我们一直生活在种种的执著之中。执著对不对？好不好呢？

我喜欢抬头看云，看云在天空里的种种变化，看云的凝聚与消散。冬天，我常在树下听风吹过树叶间的声音，看叶子随风飘落的姿态。我还喜欢看流动的水，尤其是山间的小溪；我喜欢待在溪旁，静静地听水流的声音。

大自然是不执著的。

天空里的水汽积聚够了，云便成形；风吹过来了，云便飘动，变化各种不同的样子；风大了，云便消散无踪，一切的变化都顺应自然，毫不坚持某一种形态。冬天来了，叶子该凋零了，它便会落下，没有一点儿恋栈，没有丝毫不舍。小溪里的水，不断地潺潺流动着，从来不会停留，不会止歇。

因为不坚持，天空的云才能展现万般风貌；因为不恋栈，树木才有春天的新生；因为不停留，小溪才能涓流不息。

原来，大自然如此地丰富多彩与生生不绝，是因为它从不执著啊！

心灵体验

大自然如此丰富多彩与生生不息，是因为她从不执著，顺应自然：天空中水汽积聚便成云，风吹则动，风大则云散，一切都那么自然，没有一点儿恋栈。生活中的我们，能否也像大自然那样少一些"执著"，而多一些自然呢！

放飞思维

1. 读完此文你认为文中的"执著"一类的人为什么不好？
2. 你认为作者是怎样理解"执著"的？你同意他的观点吗？

生活中总有冰山

◆孙惠芬

人们常常提到超越人性。既然是人性的，为什么要超越？如果超越了，还是不是人性的？

我居住的这座城市是座山城，我的家，离街道的空间距离很近，地理距离却很远，要上20层台阶再上50层台阶再上18层台阶。因为居室高高在上，与街道隔着广阔的空间，从租借音像带的厅子里飘出来的音乐，不管是欢快的曲调还是忧伤的曲调，经了城市超强音流的切割，经了阳光超强射线的切割，统统像秋风扫落树叶，给人一种嘶哑的、苍凉的感觉。1998年4月，100年前的冰山沉船以《泰坦尼克号》全新的故事在大陆上映，一夜之间，《爱无止境》的主题曲风靡大街小巷，我的居室外边，加拿大歌星席琳·迪翁痛彻肺腑的咏叹，仿佛一根无限延长的银针，越过88层台阶，透过厚厚的铝合金窗，刺痛了我的心。席琳·迪翁的歌喉是粗放的、苍劲的，是咏叹却有哀叹的、嚎哭的感觉，它经过了时空和噪音的切割，那样无遮无拦，那样透彻尖锐。我不知道，是不是从那一刻起，我才了解到我的居室外边原来还飘着苍凉的音乐；我只知道，那个冰山沉船日子的百年之后，一首歌，一首在苍劲中倾诉着绝世之爱的歌，让我经历了在忧伤中静思、在静思中疼痛、在疼痛中忍耐，几乎有些过不去了的感觉。

《爱无止境》，一遍又一遍，不厌其烦。我其实从来都不知道它的歌词，也听不清它的歌词，可是，那在冥昧中燃烧着的旋律，那在嘶哑中张扬着的激情，我无一次不被击倒打垮。尤其是在那样阳光明媚的日子，尤其是在那样青藤爬满台阶旁的石壁的季节。百年之前，"泰坦尼克号"在大西洋海域遇到冰山，给船上的人留下2小时40分面临死亡的恐怖、奋争，百年之后，一个美国人将它重新导演搬上银幕，在用一个惊人动魄的爱情故事唤出了几十亿人的眼泪的同时，一首歌曲就又将我时时引入"过不去了"的境地。

谁能说清，我在那没有生死恐怖的"过不去了"的时刻，不是在经历船体遇到冰山之后的恐怖与奋争？

现在，我的母亲就坐在我的身边，她已经81岁高龄。母亲一直住在乡下哥哥家里，我是母亲惟一一个女儿，母亲43岁上生了我，老来之后对我的思念可以想见，可是种种原因，每年我只能接她到我这儿住上几十天，从接来的那一天起，母亲就在一张纸上，用我儿子用短了不再用了的铅笔，过去一天画上一笔，并且在下午三四点钟,在日光从楼内屋子退出去之后,常常感叹时光的流逝。母亲叹着气说:咳,这一天就这么过去了,这一天不又过去了?年轻的时候,怎么就想不到会有这一节?一天一天混吃等死……母亲就在我的旁边,看着我很少动弹地敲着电脑。母亲知道她的日子是数着天数过的,她的日子在一天天少去,母亲又知道我无法让她干些什么有意义的事情,或者,她无法为我做些有意义的事情。母亲更知道,我常常沉郁的心情与她盼望的交流相距甚远。看着时光一点点从母亲身边流逝,看着时光一点点从不能为母亲留住什么的我的身边流逝,我几乎每天在母亲叹息的时候,在太阳西下的时候,都要止不住流泪。可是有谁知道,母亲心底没有流泪?有谁知道,无奈地看着日光一点点西下,无奈地看着年轻时候鲜活的忙碌离自己远去,母亲心底不是在经历船体遇到冰山之后看到了生命岸头的恐怖与奋斗?

冰山在生活中无处不在,苦难的时刻,绝不是只有死亡和暴力、饥饿和流血存在的时候。我的童年少年,虽在农村度过,但因父亲经商,叔叔和大爷都在外边读书做事,家境与农家日子颇有不同,没有受过饥饿,没有过过乡下孩子穷困潦倒、很早就为父母分担生活苦难的日子。可是,不知为什么,很小的时候,我就有了忧患的情结,一场大雨将院寨冲倒,露出院中菜地的时候;村中谁家儿女结婚生了孩子,老人将全家人请回家中闹着分家的时候,我都要站在院子里或大街上,长久地看着裸露的菜园落泪,长久地注视着正在闹分家人家的院子伤感。要从院寨毁坏的恐怖中超脱出来,要从别人家的哥嫂被赶小鸡一样赶出来单过的恐怖中超脱出来,我知道我经历了什么。

时光如此快地就流逝了,深感诧异、惋惜和无奈。

意志和忍耐,展示的是生命的过程,是心理斗争的过程。我总觉得,在人的意志力里边,在人的忍耐力里边,在人的坚忍坚强里边,甚至在人的恐怖和慌乱里边,有一个清晰的彩色胶卷,它珍印着变幻莫测的心路历程,就像《泰坦尼克号》电影里展示的轮船遇难的那一刻,船上的人们各不相同的行为镜头与内心倾轧。我喜欢感知和记录它们,它们在外在的气质上,远没有冰山沉船那么惊心动魄,可在情感深处,一点儿都不比冰山沉船的场景逊色。

生活中总有冰山,总有过不去了的事情。在你过不去了的时候,你需要意志和忍耐,需要坚忍和坚强,可是许多时候,你可能忍不过去了,坚强不到彼岸了,你最终终于爆发、伤害、甚至夭折了自己操守多时的人格。如果说,意志和忍耐是人性的一部分,是人性美丽的部分,那么,爆发、伤害也是人性的一部分,是人性丑陋的部分、虚弱的部分,然而它却是艺术的美丽。人们常常提到超越人性,既然是人性的,为什么要超越?如果超越了,还是不是人性的?

既然是人性的,就值得以审美的眼光去对待。

"泰坦尼克号"是艘必然沉没的船。因为生活中总有冰山。我因冰山而写作,也因写作,比别人更多地遭到冰山,甚至把别人的冰山当成自己的冰山。这大约是我的宿命。

心灵体验

我们在生活中总会遭遇冰山,"泰坦尼克号"是艘必然沉没的船,这不用怀疑。面对冰山的表现,有人性坚强的部分,也有人性丑陋、虚弱的部分,都是正常的。我们为什么一定要去超越呢?

放飞思维

1. 请你用心理解诠释"过不去了"到底是种怎样的感受?
2. "这一天就这么过去了,这一天不又过去了?"怎样理解此句包蕴的情感?

三

嬉笑怒骂皆成文章。用我们的笔端去触及社会的方方面面：或圆滑，或世故，或贪婪，或虚伪。让我们看清这些现象的背后是什么；从而让我们警醒，让我们去思索。

针砭时弊

这一年，哭过，笑过。我像一只毛毛虫，经过痛苦的蜕皮，不断得以成长。初三的浪漫与任何一种浪漫都不同，它教会了我自信，教会了我执著，更教会我在目标朦胧不清时的坚定。我不聪明，不美丽，没有殷实的家境保我一生幸福。我只是一条在湍急的水流中逆流而上的鱼，既然不能摆脱水的束缚，那就只有征服它。初三，另一种浪漫让我读懂了生活。

画

◆高朝俊

> 张市长顿时明白了,敦厚的妻子怕自己抵挡不了诱惑,收下不该收的钱,向来不说谎的她也"机灵"了一下,对自己说了谎……

有那么一种很小的世界,它就是舞台;有那么一种很大的舞台,它叫做世界。

——题记

张副市长的妻子办事沉稳,胖胖的身材给人以敦厚的感觉。她对张副市长很是体贴,生活上的照顾无微不至;她对张副市长也很顺从,购置个三五十块钱的家当也得张副市长开口同意。

张副市长不抽烟不喝酒,闲时就爱个画画。

这天,张副市长正在家里画兴正浓呢,"得意楼"酒楼的孙老板找上门来:"哟!市长雅兴高啊,画得不错嘛,我虽是个生意人,可对画也是略懂几分呢。"一听是位"画友",张副市长高兴了,放下架子,沏了两杯茶,与孙老板谈得很是投机。

临走时,孙老板看着案上那幅未画完的《奔马图》说:"酒店刚好缺幅画,这张正合适,不如市长您就割爱把它卖给我吧,市场价,两万五!"

张副市长虽然平时画画自我感觉不错,但两万五的高价还是让他吃了一惊,忙摆手说:"不行不行,我画艺不精,这画是画着玩的,你还是去正规地方买幅画挂在店里吧。"

"市长您就别谦虚了,您看这幅画虽然还未作完,但气势不凡早就看出来了,莫非您是舍不得割爱?"争执不过,张副市长只好答应他三天后来取画。

不一会儿,张副市长的妻子买菜回来了,张副市长把事情跟她说了一下。她听了,不置可否,只是说:"你前几天在市里参赛的《百竹图》,在一千多幅参赛作品中只排了六百多名。"张副市长一听,心里大吃一惊,原来那姓孙的是想找借口贿赂我啊!张副市长连忙把未完成的《奔马图》收起,再也没跟孙老板提拿画的事。不久,张副市长转正。

多年后,已退休的张市长收捡老伴的遗物,一本烫金的《获奖证书》掉了出来。张市长翻开一看,"百竹图"、"一等奖"几个字映入眼帘。

张市长顿时明白了，敦厚的妻子怕自己抵挡不了诱惑，收下不该收的钱，向来不说谎的她也"机灵"了一下，对自己说了谎……

张市长抚摸着通红的证书，禁不住老泪纵横。

心灵体验 此文的主人公其实是市长夫人。然而作者在市长夫人身上着墨并不多，只是写了她在听了孙老板要买丈夫的画的事后说了一句话："你前几天在市里参赛的《百竹图》在一千多幅参赛作品中只排了六百多名。"可就这寥寥几笔，一位贤内助的形象已跃然纸上了。在当今社会里，这类的"贤内助"是何等的重要！

放飞思维
1. 张副市长的那幅画，你认为能值多少钱呢？
2. 老伴、证书和退休的市长三者之间有着怎样的联系？

心　穷

◆蒋子龙

心态极端重要，心里不穷，对国家对自己充满信心，守财变成了美德，节约变成了大方。心里有鬼，即便一掷千金，也让人感到穷变态，小家子气。

他有一个令人羡慕的职位：一家效益很好的大公司的常务副总经理。有两套住宅，全都装修得相当豪华。儿子当海员，女儿在外贸部门工作，收入都不错。家里积蓄丰厚，即便称不上是富翁，也稳居富裕家庭之列。然而他无时无刻不觉得自己穷，最后发展到以老婆的名义注册一个公司，从周围比他穷得多的朋友们的身上诈骗了几十万元。事败毁了自己和儿子的前程，成了一个真正的穷鬼。

贪婪者不是因为没有钱，而是因为心穷。心穷是真正的穷，穷到了底却穷不到头，穷此一生还会遗传给后代。不信请听听我们周围一片片的哭穷声——

没有资金呀，经费不足呀，快混不下去啦，工资发不出来啦……缺钱，缺钱，缺钱！有些单位亏损乃至倒闭确实因为有无法抗拒的客观原因。但也不能不承认有些企业的头头成天嘴上喊穷，自己活得不穷。他们不管企业的死活，上任伊始先给自己买车、买房,派自己出国考察,把儿女安插到要害部门大捞特捞。因此工人们骂:"工厂难过年年过,厂长过得还不错。""工人玩命干,挣了几十万,买个乌龟壳,坐着王八蛋!"这些人心如饿狼,前狼尚未吃饱就被调走,再上来一只更饿的狼。那只吃了半饱的狼到别处又变成一只新的饿狼,于是有些企业老是摆脱不了狼的血盆大口。他们喊着穷,吃穷,穷糟!

哭穷哭得最凶的人不一定就是穷人。这叫心穷的人吃穷人,在制造新的贫穷。

还有经商运动。经商不足为怪,但是在中国居然形成了一个全民从商大潮,这就奇了!从知识分子到机关干部,纷纷往海里跳,仿佛跳下去就能成时髦人物,不下海就活不下去了。其实谁的家里也没到揭不开锅的地步,盖因心穷。不论在什么场合,是一些什么人物的聚会,不出10分钟准保要谈到钱,而且有个冠冕堂皇的理由:关心经济问题。在某大学的课堂上,讲课的和听课的腰里都挂着BP机,吱吱声此起彼伏,大家出出进进。这究竟是活跃的商业新气象,还是表达了心对金钱的饥渴?

正是这种心的饥渴使金钱很容易就操纵了一场场近乎全民性的倒钱运动,如:炒股票、造假品、五花八门的欺骗。无法统计全国有多少骗子,使用了多少骗术,欺骗了多少人,几乎每天都可以从报纸上看到有关这类案件的报道。数年前我曾想积存这方面的资料,看看骗术到底有多少种,后来存不胜存,材料多得无处堆放,只好作罢。

当代人心穷的急切心态到了国外就更明显。相当多的中国人出国活得小气,畏缩,贪小便宜,出洋相,恐怕是世界闻名的。其实能够出国的人大都不是寻常百姓,他们在国内的收入和国内的物价相比,决不会是世界上最穷的一群,为什么身上的穷气能穷出国门,穷向世界呢?要知道西方人,接待中国人有时会更小气,当花钱的则花,不当花的钱一分也不多拿,而且工于心计,精打细算,吃小亏占大便宜,猛敲中国人的竹杠,狠吃中国人的大头,他们还落个富裕、发达的好名声。中国人大手大脚,在国内招待外国人基本是大吃大喝,却落了一个不太好的穷名声。人家认为我们的大方是穷大方,是傻帽,是想要回扣;我们的小气是真小气,是贪婪,是穷兮兮。国人不想想这是为什么吗?

我的答案还是那四个字:皆因心穷。

戚戚于贫贱,汲汲于富贵,虎视眈眈,其欲逐逐,"争名于朝,争利于市"。急于求富、羡富、谀富,贫而诌,富而骄,或夸大贫穷,或夸耀富有,同样都是心穷的标志。

古人讲"不患贫而患不安",穷得紧张兮兮,坑蒙拐骗,穷得丢了人格失了风度、失了自尊和自信,什么事也不敢信,什么人都敢怀疑。我们真的穷到了这步田地?也许是穷怕了……

按理说能让穷人怕的事情不是很多,俗话说"光脚的不怕穿鞋的"。喜欢怕这怕那，怕抢怕偷的是富人。有钱的人最怕不知什么时候会变成穷人，所以他们闹腾得最厉害。

时下的"心穷现象"使整个社会都染上了一股穷气，这对发展经济并无好处。当今世界弱肉强食，哪个发达国家有耐性倾听一个穷国申诉自己的不幸？富人跟穷人打交道或做买卖的时候总会心存戒备，格外小心，即所谓"富在深山有远亲，穷在大街无人问"。人们喜欢说"本钱"、"本事"，有本才能赚钱，有钱才能做事。你成天穷兮兮的，心如饿鬼，谁敢招惹你？当然也不可像"大跃进"、"洋冒进"那样打肿脸充胖子，装富作态，那也是心穷的一种表现。

谁也不能否认中国人的生活水平和富裕程度已经有了相当大的提高，但许多人却处在一种身富心穷的怪异情态之中。这不是改革开放非要经历的阶段，更不是我们民族的传统心理。我们的传统是守得住贫，耐得住富。贫而不拙，富而不贪。达不足贵，穷不足悲。欧阳修讲："唐之诗人类多穷士"，"少达而多穷"。然而不论当时还是后代人，都觉得唐代的诗人们很富，即便他们身上钱不多心里都很富。富有的心灵放射出辉煌灿烂的光芒，李白固然可以豪唱"千金散尽还复来"；几乎在穷困潦倒中度过了一生的杜甫对金钱也有一种平静的情致和幽默："糁径杨花铺白毡，点溪荷叶叠青钱。"岑参甚至在囊中羞涩、欲饮无钱的情况下，仍可以拿自己和酒家开玩笑："道旁榆荚青似钱，摘来沽酒君肯否？"哪有现代文人的钱包这么充盈而又活得这么戚戚不安、心浮气躁？

"心穷现象"也并非商品经济的必然产物。在美国有相当多的人从银行借款买房，债务要背十几年甚至几十年。如果中途换工作搬家，要卖掉原来的房重新买房，又得背新债。也许终生都要背着债务生活，工作还不是铁饭碗，随时都有丢掉饭碗的可能。丢了老碗，再找新碗，他们活得快乐，对未来充满信心。连睡在地铁站里的流浪汉，眉宇间也有一种人的自尊，别人是不能对他们轻蔑的。不犯愁，不哭穷，不容别人轻侮，这是一种什么心态？1989年，神户一华裔作家请我吃饭，陪同的一位日本友协的官员将剩下的东西打包，当晚通过邮局寄给东京的家人，他说明天早晨家里人就可以吃到。我们收入不低，物价也很高，一般家庭平时很少吃到这么好的东西。他做得自自然然，大大方方，我对此一点儿没有小气、穷气的感觉，反而对他生出几分好感。可见心态极端重要，心里不穷，对国家对自己充满信心，守财变成了美德，节约变成了大方。心里有鬼，即便一掷千金，也让人感到穷变态，小家子气。

足寒伤心，心穷则伤气损志。经济上的短期行为，文化上的媚俗倾向，社会对道德对见义勇为者的呼唤，都可以从"心穷现象"上去寻找深层次答案。惟愿在经济上已经脱贫的人们，赶快进行心灵"脱贫"。

心灵体验

我们的周围哭穷的声音不绝于耳,哭穷得最凶的人不一定就是穷人,他(她)是心穷,在制造新的贫穷。正如作者总结的,不是因为物质的匮乏,而是因为贪婪导致真正的心"穷"。

放飞思维

1. 中国人与发达国家的人们在花钱上有什么不同之处?你认为中国人的这种做法可取吗?

2. 你如何理解"哭穷哭得最凶的人不一定就是穷人。这叫心穷的人吃穷人,在制造新的贫穷"这句话?

最近的一天

◆[哥伦比亚]马尔克斯

做这一切时,他一眼也不看坐在椅子上的镇长。但是镇长却紧紧地用眼睛盯着他。

星期一清早,天气暖和、无雨。堂奥雷利奥·埃斯科瓦尔6点钟就敲开了诊所的大门。他是一位没有营业执照的牙科医生,每天总起得很早。他从玻璃橱里取出一只还在石膏模子上装着的假牙,又把一束工具放在桌上,像展览似的由大到小摆好。他上着一件无领条花衬衫,颈部扣着一只金扣儿;下穿一条长裤,裤腰扎一根松紧带儿。他腰板儿硬实,身材细瘦,目光轻易不东张西望,像个聋子似的。

把所用的东西准备好后,他把磨床拉向弹簧椅,坐下来磨假牙。他好像没有考虑他在做的事情,但是手脚也在不停地忙碌着,即使不使用磨床也不停地蹬着踏板。

8点过后,他停了一会儿,从窗口望了望天空,看见两只兀鹰在邻居家的屋顶上沉静地晒太阳。他一面想着午饭前可能又要下雨,一面又继续干他的活计。他的11岁的儿子的反常的叫声把他从专心致志的神态中惊醒:

"爸爸!"

"干吗?"

"镇长说你能不能给他拔个牙。"

"告诉他,我不在。"

他正在磨一只金牙,把牙拿到眼前,眯着眼睛察看着。他儿子的声音又从小小的接待室传来。

"他说你在家,他听见你说话了。"

牙科医生继续察看着那颗金牙,直到把活儿做完,把牙放在桌上后才说:

"好多了。"

他又踏动了磨床。接着从一个小纸盒里取出一个安着几颗牙齿的牙桥,开始磨金套。那纸盒里盛着等着他做的活儿。

"爸爸!"

"什么事?"

他的神情依然如故。

"他说你要是不给他拔牙,他就让你吃子弹。"

他不慌不忙、心平气和地停下蹬踏板的脚。把磨床从椅子前推开,把桌子下面的抽屉拉出来。驳壳枪就放在抽屉里。

"哼!"他说,"让他进来对我开枪好了。"

他转了一下椅子,让自己面对房门,一只手按着抽屉沿儿。镇长出现在门口:他已经把左脸刮光,右脸却有5天未刮了,看去又肿又痛。牙科医生从他那双暗淡无光的眼睛里看出,他准有许多个夜晚痛得不曾合眼了,他用手指尖把抽屉关上,温和地说:

"请坐吧!"

"早晨好!"镇长说。

"早晨好!"牙科医生说。

当用具在沸水里消毒的时候,镇长把脑袋靠在了椅枕垫上,觉得好多了。他闻到一股冰冷的气息。这是一间简陋的诊室:一把旧木椅,一台脚踏磨床和一个装着圆形的瓷把手的玻璃橱。椅子对面的窗上挂着一幅一人高的布窗帘。当听到牙科医生走到他身边来的时候,镇长脚后跟蹬地,张开了嘴。

堂奥雷利奥·埃斯科瓦尔把他的脸扳向亮处,察看过损坏的白齿后,用手谨慎地按了按下颌。

"你不能打麻药了。"

"为什么?"

"因为牙床化脓了。"

镇长望了望他的眼睛。

"好吧。"他说,露出一丝苦笑。牙科医生没有说话。他把煮用具的浅口锅端到手术台上,用凉了的镊子把用具夹出来,动作还是不慌不忙。然后用脚尖把痰盂挪

102

过来,又在脸盆里洗了手。做这一切时,他一眼也不看坐在椅子上的镇长。但是镇长却紧紧地用眼睛盯着他。

那是一颗下牙床上的智齿。牙科医生叉开双腿,用热乎乎的拔牙钳夹住臼齿。镇长双手抓着椅子的扶手,把全身的力量都集中在脚上,觉得腰部一阵透凉,但是他没有叹气。牙科医生只是扭动着手腕。他没有怨恨,更确切地说,他是怀着一种酸楚的心情说:

"中尉,你在这儿杀了20个人了。"

镇长感觉到下牙骨上发出一阵吱咯声,他的双眼顿时涌满了泪水。但是直到知道牙齿拔下来后,他才舒了一口气。这时,他透过矇眬的泪眼看见了拔下来的牙。在痛苦之中,他觉得那颗牙齿是那么古怪,他怎么也不理解那5个夜晚会使他受到那般折磨。他的身子俯向痰盂,嘴里喘着粗气,身上渗出了汗水,他解开了军衣扣,又伸手到裤兜里摸手帕。牙科医生递给他一块干净布。

"擦擦眼泪吧!"他说。

镇长擦了擦眼。他的痛苦减轻了。牙科医生洗手的时候,他看见了残破的天花板和一个落满灰尘、挂着蜘蛛卵和死昆虫的蜘蛛网。牙科医生一面擦手一面走回来。

"你要记住,"他说,"回去要用盐水漱口。"

镇长站起来,没精打采地行了个军礼,大步向门口走去,军服的扣子也没扣。

"给我记上账吧。"他说。

"给你还是给镇公所?"

镇长没有看他,关上门,在铁栅栏外面说:

"都一样!"

心灵体验 牙医和镇长是两种社会阶层的代表,牙医在治牙过程中说的"你在这儿杀了20个人了。"以及文末一句"都一样"便深刻揭露了以镇长为代表的社会阶层的残忍、贪婪、假公济私的本质。

放飞思维
1.为什么牙医埃斯科瓦尔开始对镇长态度非常冷漠,而后来为什么却对镇长热情服务呢?

2.你认为文末"都一样"在文中起什么样的作用?

大师的败笔

◆ 梅 资

> 临行前,他对众人感慨道:我只识图纸不识人,这是我一生最大的败笔。我们可以拆除隔断空间的砖墙,而谁又能拆除人与人之间坚厚的心墙?

一位建筑设计大师一生杰作无数。在过完65岁寿诞之后,他向外界宣称:等完成封笔之作便归隐林泉。

一言方出,求他设计楼宇者便踏破门庭。

大师自有大师的想法。他一生学富五车,阅历无数,最大的遗憾就是时下人们批评的,把城市空间分割得支离破碎,楼房之间的绝对独立加速了都市人情的冷漠。他自己也深有感触。于是,灵感像火花一样迸射出来,一种崭新的创作理念也日趋成熟——他要打破传统的楼房设计形式,力求让住户之间开辟一条交流和交往的通道,使人们相互之间不再隔离而充满大家庭般的欢乐与温馨。

一位颇具胆识和超前意识的房地产商很赞同他的观点和理念,出巨资请他设计。经过数月苦战,图纸出来了。不但业内人士一致叫好,媒介与学术界也交口称赞,房地产商更是信心十足,立马投资施工。

令人惊异的是,大师的全新设计却叫好不叫座。楼盘成交额始终处于低迷状态。

房地产商急了,于是责成公司信息部门去做市场调研。调研结果出来了,原来人们不肯掏钱买房的原因,是嫌这样的设计虽然令人耳目一新,也觉得更舒爽,但邻里之间交往多了,不利于处理相互间的关系;孩子们在这样的环境里活动空间是大了,但又不好看管;还有,空间一大,人员复杂,于防盗之类人人担心的事十分不利……

设计大师听到了这个反馈,心中绞痛不已。他退还了所有的设计费,办理了退休手续,与老伴儿回乡下隐居去了。临行前,他对众人感慨道:我只识图纸不识人,这是我一生最大的败笔。我们可以拆除隔断空间的砖墙,而谁又能拆除人与人之间坚厚的心墙?

是的,心墙不除,空间恐怕越来越小。

心灵体验

大师的确很悲痛,他悲痛自己的败笔,悲痛自己失败的原因:只识图纸不识人。现代的都市模样用"水泥钢筋混凝土再加防盗门"来形容一点儿也不为过。人与人之间这坚厚的心墙怎能用大师设计的房子解决得了呢?

放飞思维

1. 大师为何要退体?
2. 作者为什么把人与人之间的关系用"心墙"来比喻?

"牛津女孩"与我们的虚荣

◆ 何 毅

毕竟,我们有着太多的实事要做,这些都是需要我们脚踏实地、认认真真去干好的。

近来一条《中国19岁女学生打破牛津800年优异成绩纪录》的消息,在被媒体竞相转载之后,最终被证实为是一条假消息。此事再次加深了我许久以来的一种担心:我们可能正在习惯于以某种虚幻的东西来满足所谓"民族自豪感"。

这则报道宣称,牛津大学颁发校长令,授予一位正在牛津读二年级的19岁的女孩博士学位和6万英镑的最高奖学金的殊荣,该女孩在学校的考试中以11项科目全部名列第一的成绩,打破了牛津大学800年的历史纪录,这位女孩的国籍清楚地写着,她来自中国。英国的《太阳报》已刊载了此事。

无论如何,这则报道在满足我们的自尊心方面,算得上是一个极为珍贵的"鲜活材料"。只是在牛津大学向中国的媒体发来传真,当事人自己也出来澄清,这则消息被证实为不实报道的时候,不少热衷于此的国人才感到有些泄气。

"牛津女孩"的报道,可算是媒体今年在大肆炒作"哈佛女孩"之后的又一个更加动人的"杰作"了。本人无意探究这类报道具体是如何出笼的,倒是情不自禁地想到,这些报道的出现,所反映出来的社会背景,应该引起我们的警觉。

近些年来,一种浮躁的心理、一种虚幻的民族自豪感正越来越多地滋生和蔓延,某些东西甚至扯上爱国主义的旗帜,进而理直气壮叫得响亮。而依赖幻想来张扬民族自豪感的出版物也频频问世。1995年有人出版《红色舰队》一书,而时下

105

市面上忽然冒出《"神龙号"出击》一书,两本书竟然都是梦想着 2010 年中国与某大国在海上交战,对方被打得一败涂地。此类书受到了不少同属于热血青年的高度评价。本人注意到,在那些颇为畅销的地摊书籍中,近年来这类"扣人心弦"并最终"让国人自信心大振"的"纯粹热血冲动"的文学作品并不少见。如此说来,虚幻的自信心、虚幻的民族自豪感,也算并不鲜见。

出版者举起民族自信心的旗帜,过于媚俗地弄出这些粗制滥造的东西,动机还是赚钱牟利。可是,媒体在一些报道之中,掺进同样一些媚俗的东西,却也日渐平常。去年奥运会刚刚结束,有媒体就评出奥运十大美女,中国人占了三位;十大俊男,中国人也占了两位。明眼人一看就知道,这些完全是以自我为中心搞出来媚俗的。更让人吃惊的是,今年 2 月的最后一天,国内一家知名通讯社的名牌刊物,评出"环球 20 位最具影响的世纪女性",华人竟然占了 11 位,其中一两位我却从未听说过,算是我的见识短浅;可就评出的结果来看,却也显然是以突出自我为目标。所有这些,难道不是站在自己的小圈子里面,或者说像是井底之蛙那样的"观世界"吗?

把这些和"牛津女孩"扯到一起,稍一对照,就会发现炒作者、故弄玄虚者或多或少地有着共同的特征,既把自己标榜为爱国主义者,充满民族自豪感的人,还要鼓动人们起来呐喊,事实上自己心里又发虚、浮躁,以至于只好靠着幻想进行炒作和媚俗。

培养爱国主义和增强民族的自信心、自豪感,是每一个社会及其公民的应尽之职,中国更不例外,我们也时常为在国际上展示中华民族的杰出成就而自豪、骄傲,将民族的复兴作为共同的大业。可若是只依赖于幻想,信赖于对事件的恶性炒作,靠着媚俗去打动他人,炮制出一个又一个挑战英吉利海峡的"民族英雄"、"飞黄英雄",智慧超群的"牛津女孩"、出类拔萃的"哈佛女孩"、以自我为中心"观世界"的评选等,用形形色色的虚幻、梦想、炒作和精神胜利法来描绘民族的复兴,展示民族的自信心,那么我以为,这一类华而不实或凭空捏造的东西还是少一些为好。毕竟,我们有着太多的实事要做,这些都是需要我们脚踏实地、认认真真去干好的。

心灵体验 弘扬民族自豪感,是毋庸置疑的;但如果这种弘扬建立在假消息、恶炒作之上,就显得滑稽和丑陋了。我们更需要脚踏实地,认认真真地去干一些实事。

放飞思维

1. 作者由"牛津女孩"这一假消息引出了怎样的担心?
2. "为实现中华民族的伟大复兴而努力奋斗",作者认为应该怎么做,为什么?

老局长"过早"

◆陈大超

高局长呢,自然又"活"过来了,由霜打的茄子返了青,脸上放光,眼里溢彩。

我们这里的人,大多都喜欢在外面的摊点上吃早餐。人们把这叫做"过早"。

每天早上,我都要到巷口上的那家拐角早点铺去过早。到这里过早的,级别最高的是已经退休的高局长。高局长每天过早时,都故意很响地与人打招呼,而且一会儿站起来找老板娘给他加点儿辣酱,一会儿走过去请掌勺的给他碗里加点儿汤水。他这样做时,眼角总是四处瞟动着,总希望能惊动个老部下或者老熟人,过来跟他热乎热乎——最好是顺带着把过早的钱帮他付了。

这里的早点铺由于品种丰富,味道也特别好,每天到这里来过早的人特别多。高局长呢,也就总是能碰到老部下或者老熟人,一当人家亲热地跟他搭腔,并抢先帮他付钱,他就会觉得自己虽然下台了,却仍然活得很有面子,而兴奋得脸上放光,眼里溢彩。

然而随着时间的推移,跟他搭腔帮他付钱的人是越来越少了。连我的在高局长手下开过车的棋友万三,也故意装着对他视而不见了。高局长呢,就总是慢慢吃,吃一会儿去弄点儿辣酱,吃一会儿去加点儿汤水,以此来挨时间,希望最终能等到个人上来跟他搭腔帮他付钱。所以有时候,高局长是来得最早,放碗却放得最晚。遇到这种情况,他脸上的皱纹就特别密,表情就特别难堪。

"唉,高局长这个人也挺可怜的。"我跟万三说。万三却说:"可怜个啥?自找的。"

没想到过了没多久,万三却突然对高局长亲热起来了,每次过早时,都要特意走过去,笑眉笑眼且恭恭敬敬地跟高局长打招呼,自然,还要顺带着帮高局长把钱付了。高局长呢,自然又"活"过来了,由霜打的茄子返了青,脸上放光,眼里溢彩。

我便觉得奇怪,于是瞅个机会问万三:"你是不是还想求他帮你下岗的妻子安排个工作?"他连忙摇头说:"他若是还有这个能耐,那么多的人何必要装着没看见他。""那你怎么还要这样对待他?你是钱多了花不出去,还是实在觉得他可怜不过?"我又问。

他就笑一笑,说出这么一番话来:"是他老伴可怜他不过。那天他老伴找到我,说他老头子出来过早,若是没有人跟他搭腔,帮他付钱,他回去就要唉声叹气地怄上好半天。她怕他怄病了,就悄悄塞给我200块钱,求我每天过早时都过去跟她老头子说几句话,顺便把钱给他付了。为这,她还往我家里送了一大袋水果呢!"

心灵体验

老局长虽然从职位上退了下来,但官瘾却很大,他希望周围的人都尊重他,可事实是没有人搭理他,他内心也就变得苦闷……本文描写了生活中极普通的一件小事,但深刻地揭示了社会的病垢。

放飞思维

1. 高局长为什么会时不时的要加辣酱、盛汤水?
2. 高局长为什么希望别人经常和他打招呼,为他付账?
3. 从文章中可以看出高局长是一个什么样的人?

灵动与沉稳

◆薛明德

市长没再说什么就叫他走了。因为他从窗户里看见门卫老张门口放了一张新床和一把新电筒。

在市长办公室里,坐着三个人:市长、王灵动与马沉稳。王、马二人为某机关"一把手"与"二把手"候选人。王灵动,以聪明善辩,交际能力强在众多候选人中脱颖而出。马沉稳因老实憨厚,沉着稳重的作风获得了市长的青睐和支持。

市长要通过面试和实际行动来确定王灵动与马沉稳的最终地位。谁最终能够赢得"一把手"这个宝座呢?市长也没底。市长现在进行面试。王灵动立刻给市长倒茶、点烟,然后又回到座位上;而马沉稳则毫无动作。市长心里有了想法了。

首先,市长让王、马二人谈谈如何领导好这个机关,并对其中一些问题如贪污、受贿等腐败问题说出自己的看法与相应解决措施。王灵动先发表了观点,说:"我如果当上'一把手'之后,首先,我得谢谢市长大人。是你给了我这个机会,我先得好好孝敬你。其次,我当上'一把手'之后,首先要狠抓狠管,必要时辞掉那些没有作为的干部,我不能让人在这里滥竽充数。对于腐败问题要绝不手软,该处分的一定处分,该送走的一律送走。市长大人,你看怎么样?"市长摆摆手,对马沉稳说:"老马,你说。"马沉稳说:"我其实也没多大能力,但是,无论'一把手'还是'二把手'我都会尽力干,并把它干好。这点请市长放心。无论是谁,都要为机关,为咱百姓服务。对于那些腐败现象,要先做好模范作用,宣传法律知识,让那些尚未发展起来的能够自制。我相信,我们的同志都是好的。"市长没吱声,过了一会儿,给了王、马二人各100元钱,让他们在半小时内花完。半小时后,王灵动先到了,他给市长提来了上好的龙井茶叶,又给市长买了一双新皮鞋,领带也买了"相思鸟"的。这当然不止100元钱,市长心里有数了。王灵动也笑了。因为马沉稳还没来,市长让王灵动先回去,等候通知。40分钟之后,马沉稳大汗淋漓地跑了进来,连门都没敲,市长问:"钱花完了?"马沉稳嗯了一声。市长没再说什么就叫他走了。因为他从窗户里看见门卫老张门口放了一张新床和一把新电筒。

几天后,选举结果贴出来了:"一把手",马沉稳;"二把手",待定。

心灵体验

本文在短小的篇幅里描述了市长考察选拔机关一二把手的有趣经历,刻画了两个候选人的不同性格和形象:"王灵动"巧舌如簧,逢迎媚上;"马沉稳"憨厚老实,实话实说。篇末简洁地揭示了考察选拔候选人的结果。全文语言直白,不加褒贬,在原汁原味的描述中诠释着作者对"灵动与沉稳"的感悟,表露着作者对这个敏感话题的鲜明态度。

放飞思维

1. 文章从哪几件事的描述体现出"王灵动"与"马沉稳"的性格特征?
2. 从市长选择一事,折射出当今一种什么社会现象?

兔和猫

◆鲁 迅

　　　　假使造物也可以责备,那么,我以为他实在将生命造得太滥,毁得太滥了。

　　住在我们后进院子里的三太太,在夏间买了一对白兔,是给伊的孩子们看的。

　　这一对白兔,似乎离娘并不久,虽然是异类,也可以看出他们的天真烂漫来。但也竖直了小小的、通红的长耳朵,动着鼻子,眼睛里颇现些惊疑的神色,大约究竟觉得人地生疏,没有在老家时候的安心了。这种东西,倘到庙会日期自己出去买,每个至多不过两吊钱,而三太太却花了一元,因为是叫小使上店买来的。

　　孩子们自然大得意了,嚷着围住了看;大人也都围着看;还有一匹小狗名叫S的也跑来,闯过去一嗅,打了一个喷嚏,退了几步。三太太吆喝道,"S,听着,不准你咬他!"于是在他头上打了一掌,S便退开了,从此并不咬。

　　这一对兔总是关在后窗后面的小院子里的时候多,听说是因为太喜欢撕壁纸,也常常啃木器脚。这小院子里有一株野桑树,桑子落地,他们最爱吃,便连喂他们的菠菜也不吃了。乌鸦、喜鹊想要下来时,他们便躬着身子用后脚在地上使劲的一弹,砉的一声直跳上来,像飞起了一团雪,鸦鹊吓得赶紧走,这样的几回,再也不敢近来了。三太太说,鸦鹊倒不打紧,至多也不过抢吃一点儿食料,可恶的是一匹大黑猫,常在矮墙上恶狠狠地看,这却要防;幸而S和猫是对头,或者还不至于有什么罢。

　　孩子们时时捉他们来玩耍;他们很和气,竖起耳朵,动着鼻子,驯良地站在小手的圈子里,但一有空,却也就溜开去了。他们夜里的卧榻是一个小木箱,里面铺些稻草,就在后窗的房檐下。

　　这样的几个月之后,他们忽而自己掘土了,掘得非常快,前脚一抓,后脚一踢,不到半天,已经掘成一个深洞。大家都奇怪,后来仔细看时,原来一个的肚子比一个的大得多了。他们第二天便将干草和树叶衔进洞里去,忙了大半天。

　　大家都高兴,说又有小兔可看了;三太太便对孩子们下了戒严令,从此不许再去捉。我的母亲也很喜欢他们家族的繁荣,还说待生下来的离了乳,也要去讨两匹来养在自己的窗外面。

　　他们从此便住在自造的洞府里,有时也出来吃些食,后来不见了,可不知道他们是预先运粮存在里面呢还是竟不吃。过了十多天,三太太对我说,那两匹又出来了,大约小兔是生下来又都死掉了,因为雌的一匹的奶非常多,却并不见有进去哺养孩子的形迹。伊言语之间颇气愤,然而也没有法。

有一天,太阳很温暖,也没有风,树叶都不动,我忽听得许多人在那里笑,寻声看时,却见许多人都靠着三太太的后窗看:原来有一个小兔,在院子里跳跃了。这比他的父母买来的时候还小得远,但也已经能用后脚一弹地,蹦跳起来了。孩子们争着告诉我说,还看见一个小兔到洞口来探一探头,但是即刻缩回去了,那该是他的弟弟罢。

那小的也捡些草叶吃,然而大的似乎不许他,往往夹口地抢了去,而自己并不吃。孩子们笑得响,那小的终于吃惊了,便跳着钻进洞里去;大的也跟到洞门口,用前脚推着他的孩子的脊梁,推进之后,又扒开泥土来封了洞。

从此小院子里更热闹,窗口也时时有人窥探了。

然而竟又全不见了那小的和大的。这时是连日的阴天,三太太又虑到遭了那大黑猫的毒手的事去。我说不然,那是天气冷,当然都躲着,太阳一出,一定出来的。

太阳出来了,他们却都不见。于是大家就忘却了。

惟有三太太是常在那里喂他们菠菜的,所以常想到。伊有一回走进窗后的小院子去,忽然在墙角上发现了一个别的洞,再看旧洞口,却依稀的还见有许多爪痕。这爪痕倘说是大兔的,爪该不会有这样大,伊又疑心到那常在墙上的大黑猫去了,伊于是也就不能不定下发掘的决心了。伊终于出来取了锄子,一路掘下去,虽然疑心,却也希望着意外地见了小白兔的,但是待到底,却只见一堆烂草夹些兔毛,怕还是临蓐时候所铺的罢;此外是冷清清的,全没有什么雪白的小兔的踪迹,以及他那只一探头未出洞外的弟弟了。

气愤和失望和凄凉,使伊不能不再掘那墙角上的新洞了。一动手,那大的两匹便先蹿出洞外面。伊以为他们搬了家了,很高兴,然而仍然掘,待见底,那里面也铺着草叶和兔毛,而上面却睡着七个很小的兔,遍身肉红色,细看时,眼睛全都没有开。

一切都明白了,三太太先前的预料果不错。伊为预防危险起见,便将七个小的都装在木箱中,搬进自己的房里,又将大的也捺进箱里面,勒伊去哺乳。

三太太从此不但深恨黑猫,而且颇不以大兔为然了。据说当初那两个被害之先,死掉的该还有,因为他们生一回,决不至于只两个,但为了哺乳不匀,不能争食的就先死了。这大概也不错的,现在七个之中,就有两个很瘦弱。所以三太太一有闲空,便捉住母兔,将小兔一个一个轮流地摆在肚子上来喝奶,不准有多少。

母亲对我说，那样麻烦的养兔法，伊历来连听也未曾听到过，恐怕是可以收入《无双谱》的。

白兔的家族更繁荣，大家也又都高兴了。

但自此之后，我总觉得凄凉。夜半在灯下坐着想，那两条小性命，竟是人不知鬼不觉的早在不知什么时候丧失了，生物史上不着一些痕迹，并 S 也不叫一声。我于是记起旧事来，先前我住在会馆里，清早起身，只见大槐树下一片散乱的鸽子毛，这明明是膏于鹰吻的了，上午长班来一打扫，便什么都不见，谁知道曾有一个生命断送在这里呢？我又曾路过西四牌楼，看见一匹小狗被马车轧得快死，待回来时，什么也不见了，搬掉了罢，过往行人憧憧的走着，谁知道曾有一个生命断送在这里呢？夏夜，窗外面，常听到苍蝇的悠长的吱吱的叫声，这一定是给蝇虎咬住了，然而我向来无所容心于其间，而别人并且不听到……

假使造物也可以责备，那么，我以为他实在将生命造得太滥、毁得太滥了。

嗥的一声，又是两条猫在窗外打起架来。

"迅儿！你又在那里打猫了？"

"不，他们自己咬。他哪里会给我打呢。"

我的母亲是素来很不以我的虐待猫为然的，现在大约疑心我要替小兔抱不平，下什么辣手，便起来探问了。而我在全家的口碑上，却的确算一个猫敌。我曾经害过猫，平时也常打猫，尤其是在他们配合的时候。但我之所以打的原因并非因为他们配合，是因为他们嚷，嚷到使我睡不着，我以为配合是不必这样大嚷而特嚷的。

况且黑猫害了小兔，我更是"师出有名"的了。我觉得母亲实在太修善，于是不由得就说出模棱的近乎不以为然的答话来。

造物太胡闹，我不能不反抗他了，虽然也许是倒是帮他的忙……

那黑猫是不能久在矮墙上高视阔步的了，我决定的想，于是又不由得一瞥那藏在书箱里的一瓶氰酸钾。

心灵体验

读完全文，一个面带微笑、目光柔和的、以欣赏的目光默默观察小动物的鲁迅跃然纸上，尽管如此鲁迅还是发出了"假使造物也可以责备，那么，我以为他实在将生命造得太滥、毁得太滥了"的沉重叹息。

放飞思维

1. 当大家都为"白兔的家庭更繁荣"而"高兴"时,鲁迅却"觉得凄凉"了,这是为什么?
2. "……然而我向来无所容心于其间,而别人并且不听到……"你怎样理解鲁迅的自责与感慨?

尊重自己的公民

◆张心阳

> 相形之下,我们一些人的衣食住行好像都是外国人白送的,才这样恭外而倨内。

常常有一种感觉,就是在咱们国家,自己的公民往往不如外国人那样受到礼遇和尊重。比如在北京故宫,就专设了"外国游客入口处"。在某城市的酒吧街,专设了外国人用的厕所。外国人在中国游玩发生了问题,总是调遣最现代化的交通工具和最高明的医生去营救;而国人则未必有这般福气。国内翻车沉船,洪灾震灾,很少听说谁公开地对遇难者哀悼;而外国的火车出轨、大桥坍塌,死个几十人,我们就又是问候,又是志哀。

你不能不奇怪,咱们中国人好像自己都瞧不起自己似的。可人家老外不这样,自己的公民最受优待。在美国空港入口,美国人总是优先,外国人靠后。日本也这样,那里的空港,日本国民的进港通道有七八十个,给外国人的只一个。嫌太挤,那好,等日本人全部走完了,他转换过牌子,你再进来。他们就是把本国公民放在第一位,尊重自己人比尊重他人为重。他们懂得,无论是总统还是职员,是军官还是失业者,他们所享受的福利大都是由本国公民创造的,本国公民才是自己的衣食父母。相形之下,我们一些人的衣食住行好像都是外国人白送的,才这样恭外而倨内。

在广西,美国人的骨头埋了几十年,还叫中国农民去找。美国人的骨头找到了,放在棺材里送回去,举行隆重的仪式、行军礼,这怎么能让美国人不自豪?反之,找骨头的中国农民在寻找时摔了一跤,把自己的骨头摔坏了,给200元钱就打发回家了……一个日本的农民跑到峨眉山去玩,骨头摔断了,就用中国空军的直升机去救他;而在日本,一名中国留学生在宿舍里死了7天才被发现。名古屋大学的一对中国博士夫妇和孩子误食有毒蘑菇,孩子和母亲死了,父亲则在名古屋大学医学院的门诊室等了12个小时,也没有一个日本教授来诊视!而我们为什么还要这么友好，以为自己很大度？自尊者人必尊之，自贱者人必贱之。你首先把自己看重了，人家才把你看重。几年前发生的美国青年在新加坡撒野受鞭刑的事，我觉得当事的两个国家都了不起。一方面美国总统亲自出面替本国公民求情，可见国家对国民的重视；另一方面新加坡偏不理这个茬，鞭子照抽。因为这涉及到国家的尊严，你抽了，人家才拿正眼看你，不抽，人家反而看不起你。

英国国有石油公司安装输油管道，要从一老太太别墅底下穿过，老太太就是不让：国家怎么能侵犯个人利益呢？的确，没有个人利益哪有民族利益！最后国家认输了，输油管道只好绕开走。

国因人而存在，而不是人因国而存在。国家怎么可以凌驾于人民之上，甚至可以不尊重它的人民呢？一个民族的精神首先体现在国家对待国民的态度上。现代文明认为："国家的作用是保护国人安全和健康；保护人身自由和国有、私有财产；抵御任何暴力侵犯和侵略。一切超出这一职能范围的政府行为都是罪恶。"

心灵体验　文中所列举的事实，让我们感到沉痛！为何对待本国的国民远不如对待外国国民？自尊者人必尊之，自贱者人必贱之，倘若自己都看不起自己，怎么会有别人尊重你！民族魂就更是如此了。

放飞思维
1. 请你谈一谈"尊重自己的公民"的实质是什么？
2. 谈谈你对"尊重自己的公民"中所渗透出来的思想的理解。
3. 为什么说"国因人而存，而不是人因国而存"？

阿强升官记

◆鎏　阳

在这四个功夫中，除了腿快让他显得年轻外，其余三个功夫都使他显得老态龙钟、城府极深、圆滑世故。因此，人们送给他一个外号：老油条。

阿强从学校一毕业就分到政府办公室，十多年来，他经历过多次大大小小的机构变动，从这个机关调到那个机关，始终没离开政府办公室这个圈儿。自他由一名小科员被提拔为办公室副主任,已有8年时间,这8年他一直"原地踏步",经历了四任县长,在整个办公室资格最老,被人戏称为"四朝元老"。

经过办公室十几年的锻炼,阿强练就了一身功夫——

驼背:由于长期与领导打交道,他总是见人就点头哈腰、一脸谦卑,生怕得罪了哪位领导,留下个不好印象,以致年轻时的挺拔的身躯弯了下来。

歇顶:由于经常趴在桌子上写汇报、领导讲话之类的材料,由于经常为"副科"变为"正科"、"副县"苦思冥想,经常防着别人的暗算,经常"吾日三省吾身",反思自己有没有做错事、说错话,让领导不满意,让对手抓住把柄,以致额头的青丝过早脱落而"聪明绝顶"。

腿快:由于他坚信"办公室无小事",对工作极端负责,生怕因为自己的怠慢误了领导的大事,不管是不是急事,他办事总是小步快跑,腿下生风,亦步亦趋。本来他不抽烟,但兜里常装着火机,只要领导一掏出烟来,他便马上凑上去为领导点着。

嘴甜:他见人总是一张笑脸,见到领导不称"书记"、"县长"不说话,谁说的话也是"重要指示",无论谁的吩咐他都是一连串的"是是是,这就去落实",时间一长,他笑时的表情竟形成皱纹固定在脸上,"是是是"也成为他的口头禅;同时,他还时刻坚持"不该说的不说,不该看的不看,不该问的不问",从来不议论领导、不议论社会、不发牢骚。

在这四个功夫中,除了腿快让他显得年轻外,其余三个功夫都使他显得老态龙钟、城府极深、圆滑世故。因此,人们送给他一个外号:老油条。

看着许多与自己一起进办公室的,有的升了乡长、书记,有的成为局长,还有的当上了副县长,他心里感到不服气。论工作、论能力,他都不比他们差;他们似乎谁都有明显的缺点,惟独他基本上是个完人。他不明白自己对工作这么认真负责、这么小心谨慎、这么天衣无缝,8年竟然连个正科也没熬上。他经常为此而苦苦思索,最后的结论是自己没有后台、没钱送礼。

8年来,像35、38等这种提拔的关口一个个过去了,阿强已到四十不惑的年纪。照照镜子看看自己的秃头、驼背和刻上皱纹的脸,他感到自己老了。特别是现在提拔干部越来越强调年轻化,他这个年纪在基层提拔已经"没戏了"。其实,阿强年轻时是个非常有血性的人。上小学、初中时与同学打架,上高中时在课堂上与老师争论,上大学时在学生干部会上与校长顶嘴……想到这里,阿强鼻子直发酸,这将近20年的时间战战兢兢、忙忙碌碌,却不知干了些什么,官没当成,年轻时的一腔抱负也付之东流,年轻时的自己不知哪里去了。

最近,县政府换届,又来了一位新县长。升官无望的阿强一身轻松,他已抛弃了让这位县长提拔的奢望,无论是面对新领导还是老领导,他像变了个人似的,胸膛挺起,步伐坚定,表情自然,高谈阔论,使上上下下那些熟悉他的人直发愣。过了一个多月,新县长找他谈话,说:"不少同志反映你圆滑世故,我却看你敢作敢为。我用人就是不拘一格。我想建议你到下面当乡党委书记。"阿强非常平静,说:"县长,我想当官儿想了半辈子,没当上,现在我不想当了,您却让我去当。我不表什么决心,我已是四十不惑的人了,也不想再升了,只想扎扎实实地干点事儿,我感到越不想升官,越能干好工作。"

一周后,阿强走马上任,到全县最差的一个乡当乡党委书记。

心灵体验

本文诙谐、幽默,阿强的这身功夫,是那些想官做的人的集中体现,也是如今社会大多数人的认为圆滑的人的代表。读完此文后,让我们感慨万千:为人处事竟是如此之难!

放飞思维

1. 阿强成为"四朝元老"的原因是什么?
2. 为什么将阿强调到最差的一个乡?

稻 草 人

◆叶圣陶

> 稻草人见鲫鱼误解了他的意思,又没有方法
> 向鲫鱼说明,心里很悲痛,就一面叹气一面哭。

田野里白天的风景和情形,有诗人把它写成美妙的诗,有画家把它画成生动的画。到了夜间,诗人喝了酒,有些醉了;画家呢,正在抱着精致的乐器低低地唱:都没有工夫到田野里来。那么,还有谁把田野里夜间的风景和情形告诉人们呢?有,还有,就是稻草人。

基督教里的人说,人是上帝亲手造的。且不问这句话对不对,咱们可以套一句说,稻草人是农人亲手造的。他的骨架子是竹园里的细竹枝,他的肌肉、皮肤是隔年的黄稻草。破竹篮子、残荷叶都可以做他的帽子;帽子下面的脸平板板的,分不清哪里是鼻子,哪里是眼睛。他的手没有手指,却拿着一把破扇子——其实也不能

算拿，不过用线拴住扇柄，挂在手上罢了。他的骨架子长得很，脚底下还有一段，农人把这一段插在田地中间的泥土里，他就整天整夜站在那里了。

  稻草人非常尽责任。要是拿牛跟他比，牛比他懒怠多了，有时躺在地上，抬起头看天。要是拿狗跟他比，狗比他顽皮多了，有时到处乱跑，累得主人四处去找寻。他从来不嫌烦，像牛那样躺着看天；也从来不贪玩，像狗那样到处乱跑。他安安静静地看着田地，手里的扇子轻轻摇动，赶走那些飞来的小雀，他们是来吃新结的稻穗的。他不吃饭，也不睡觉，就是坐下歇一歇也不肯，总是直挺挺地站在那里。

  这是当然的，田野里夜间的风景和情形，只有稻草人知道得最清楚，也知道得最多。他知道露水怎么样凝在草叶上，露水的味道怎么样香甜；他知道星星怎么样眨眼，月亮怎么样笑；他知道夜间的田野怎么样沉静，花草树木怎么样酣睡；他知道小虫们怎么样你找我、我找你，蝴蝶们怎么样恋爱；总之，夜间的一切他都知道得清清楚楚。

  以下就讲讲稻草人在夜间遇见的几件事儿。

  一个满天星斗的夜里，他看守着田地，手里的扇子轻轻摇动。新出的稻穗一个挨一个，星光射在上面，有些发亮，像顶着一层水珠；有一点儿风，就沙拉沙拉地响。稻草人看着，心里很高兴。他想，今年的收成一定可以使他的主人——一位可怜的老太太——笑一笑了。她以前哪里笑过呢？八九年前，她的丈夫死了。她想起来就哭，眼睛到现在还红着；而且成了毛病，动不动就流泪。她只有一个儿子，娘儿两个费苦力种这块田。足足三年，才勉强把她丈夫的丧葬费还清。没想到儿子紧接着得了白喉，也死了。她当时昏过去了，后来就落了个心痛的毛病，常常犯。这回只剩她一个人了，老了，没有气力，还得用力耕种，又挨了三年，总算把儿子的丧葬费也还清了。可是接着两年闹水，稻子都淹了，不是烂了就是发了芽。她的眼泪流得更多了，眼睛受了伤，看东西模糊，稍微远一点儿就看不见。她的脸上满是皱纹，倒像个风干的橘子，哪里会露出笑容来呢！可是今年的稻子长得好，很壮实，雨水又不多，像是能丰收似的。所以稻草人替她高兴：想到收割的那一天，她看见收下的稻穗又大又饱满，这都是她自己的，总算没有白受累，脸上的皱纹一定会散开，露出安慰的满意的笑容吧。如果真有这一笑，在稻草人看来，那就比星星月亮的笑更可爱，更可珍贵，因为他爱他的主人。

  稻草人正在想的时候，一个小蛾飞来，是灰褐色的小蛾。他立刻认出那小蛾是稻子的仇敌，也就是主人的仇敌。从他的职务想，从他对主人的感情想，都必须把那小蛾赶跑了才是。于是他手里的扇子摇动起来。可是扇子的风很有限，不能够教小蛾害怕。那小蛾飞了一会儿，落在一片稻叶上，简直像不觉得稻草人在那里驱逐他似的。稻草人见小蛾落下了，心里非常着急。可是他的身子跟树木一样，定在泥土里,想往前移动半步也做不到;扇子尽管摇动,那小蛾却依旧稳稳地歇着。他想到将来田里的情形,想到主人的眼泪和干瘪的脸,又想到主人的命运,心里就像刀割一样。但是那小蛾是歇定了,不管怎么赶,他就是不动。

星星结队归去,一切夜景都隐没的时候,那小蛾才飞走了。稻草人仔细看那片稻叶,果然,叶尖卷起来了,上面留着好些小蛾下的子。这使稻草人感到无限惊恐,心想祸事真个来了,越怕越躲不过。可怜的主人,她有的不过是两只模糊的眼睛;要告诉她,使她及早看见小蛾下的子,才有挽救呢。他这么想着,扇子摇得更勤了。扇子常常碰在身体上,发出啪啪的声音。他不会叫喊,这是惟一的警告主人的法子了。

老妇人到田里来了。她弯着腰,看看田里的水正合适,不必再从河里车水进来。又看看她手种的稻子,全很壮实;摸摸稻穗,沉甸甸的。再看看那稻草人,帽子依旧戴得很正;扇子依旧拿在手里,摇动着,发出啪啪的声音;并且依旧站得很好,直挺挺的,位置没动,样子也跟以前一模一样。她看一切事情都很好,就走上田岸,预备回家去搓草绳。

稻草人看见主人就要走了,急得不得了,连忙摇动扇子,想靠着这急迫的声音把主人留住。这声音里仿佛说:"我的主人,你不要去呀!你不要以为田里的一切事情都很好,天大的祸事已经在田里留下根苗了。一旦发作起来,就要不可收拾,那时候,你就要流干了眼泪,揉碎了心;趁着现在赶早扑灭,还来得及。这儿,就在这一棵上,你看这棵稻子的叶尖呀!"他靠着扇子的声音反复地警告;可是老妇人哪里懂得,一步一步地走远了。他急得要命,还在使劲摇动扇子,直到主人的背影都望不见了,他才知道警告是无效了。

除了稻草人以外,没有一个人为稻子发愁。他恨不得一下子跳过去,把那灾害的根苗扑灭了;又恨不得托风带个信,叫主人快快来铲除灾害。他的身体本来很瘦弱,现在怀着愁闷,更显得憔悴了,连站直的劲儿也不再有,只是斜着肩,弯着腰,好像害了病似的。

不到几天,在稻田里,蛾下的子变成的肉虫,到处都是了。夜深人静的时候,稻草人听见他们咬嚼稻叶的声音,也看见他们越吃越馋的嘴脸。渐渐地,一大片浓绿的稻全不见了,只剩下光秆儿。他痛心,不忍再看,想到主人今年的辛苦又只能换来眼泪和叹气,禁不住低头哭了。

这时候天气很凉了,又是在夜间的田野里,冷风吹得稻草人直打哆嗦;只因为他正在哭,没觉得。忽然传来一个女人的声音:"我当是谁呢,原来是你。"他吃了一惊,才觉得身上非常冷。但是有什么法子呢?他为了尽责任,而且行动不由自主,虽然冷,也只好站在那里。他看那个女人,原来是一个渔妇。田地的前面是一条河,那渔妇的船就停在河边，舱里露出一丝微弱的火光。她那时正在把撑起的鱼罾放到河底；鱼罾沉下去，她坐在岸上，等过一会儿把它拉起来。

舱里时常传出小孩子咳嗽的声音，又时常传出困乏的、细微的叫妈的声音。这使她很焦心，她用力拉罾，总像很不顺手，并且几乎回回是空的。舱里的孩子还在咳嗽还在喊，她就向舱里说："你好好儿睡吧！等我逮着鱼，明天给你煮粥吃。你老是叫我，叫得我心都乱了，怎么能逮着鱼呢！"

孩子忍不住，还是喊："妈呀，把我渴坏了！给我点儿茶喝！"接着又是一阵咳嗽。

"这里哪来的茶！你老实一会儿吧，我的祖宗！"

"我渴死了！"孩子竟大声哭起来。在空旷的夜间的田野里，这哭声显得格外凄惨。

渔妇无可奈何，放下拉罾的绳子，上了船，进了舱，拿起一个碗，从河里舀了一碗水，转身给孩子喝。孩子一口气把水喝下去，他实在渴极了。可是碗刚放下，他又咳嗽起来；而且更厉害了，后来就只剩下喘气。

渔妇不能多管孩子，又上岸去拉她的罾。好久好久，舱里没有声音了，她的罾也不知又空了几回，才逮着一条鲫鱼，有七八寸长，这是头一次收获，她很小心地把鱼从罾里取出来，放在一个木桶里，接着又把罾放下去。这个盛鱼的木桶就在稻草人的脚旁边。

这时候稻草人更加伤心了。他可怜那个病孩子，渴到那样，想一口茶喝都办不到；病到那样，还不能跟母亲一起睡觉。他又可怜那个渔妇，在这寒冷的深夜里打算明天的粥，所以不得不硬着心肠把生病的孩子扔下不管。他恨不得自己去作柴，给孩子煮茶喝；恨不得自己去作被褥，给孩子一些温暖；又恨不得夺下小肉虫的赃物，给渔妇煮粥吃。如果他能走，他一定立刻照着他的心愿做；但是不幸，他的身体跟树木一个样，定在泥土里，连半步也不能动。他没有法子，越想越伤心，哭得更痛心了。忽然啪的一声，他吓了一跳，停住哭，看出了什么事情，原来是鲫鱼被扔在木桶里。

木桶里的水很少，鲫鱼躺在桶底上，只有靠下的一面能够沾一些潮润。鲫鱼很难受，想逃开，就用力向上跳。跳了好几回，都被高高的桶框挡住，依旧掉在桶底上。身体摔得很疼。鲫鱼的向上的一只眼睛看见稻草人，就哀求说："我的朋友，你暂且放下手里的扇子，救救我吧！我离开我的水里的家，就只有死了。好心的朋友，救救我吧！"

听见鲫鱼这样恳切的哀求，稻草人非常心酸；但是他只能用力摇动自己的头。他的意思是说："请你原谅我，我是个柔弱无能的人哪！我的心不但愿意救你，并且

119

愿意救那个捕你的妇人和她的孩子，除了你、渔妇和孩子，还有一切受苦受难的。可是我跟树木一样，定在泥土里，连半步也不能自由移动，我怎么能照我的心愿去做呢！请你原谅我，我是个柔弱无能的人哪！"

鲫鱼不懂稻草人的意思，只看见他连连摇头，愤怒就像火一般溅起来了。"这又是什么难事！你竟没有一点儿人心，只是摇头！原来我错了，自己的困难，为什么求别人呢！我应该自己干，想法子，不成，也不过一死罢了，这又算得了什么！"鲫鱼大声喊着，又用力向上跳，这回用了十二分力，连尾巴和胸鳍的尖端都挺了起来。

稻草人见鲫鱼误解了他的意思，又没有方法向鲫鱼说明，心里很悲痛，就一面叹气一面哭。过了一会儿，他抬头看看，渔妇睡着了，一只手还拿着拉罾的绳；这是因为她太累了，虽然想着明天的粥，也终于支持不住了？桶里的鲫鱼呢？跳跃的声音听不见了，尾巴好像还在断断续续地拨动。稻草人想，这一夜是许多痛心的事都凑在一块儿了，真是个悲哀的夜！可是看那些吃稻叶的小强盗，他们高兴得很，吃饱了，正在光秆儿上跳舞呢。稻子的收成算完了，主人的衰老的力量又白费了，世界上还有比这更可怜的吗！

夜更暗了，连星星都显得无光。稻草人忽然觉得由侧面田岸上走来一个黑影，近了，仔细一看，原来是个女人，穿着肥大的短袄，头发很乱。她站住，望望停在河边的渔船；一转身，向着河岸走去；不多几步，又直挺挺地站在那里。稻草人觉得很奇怪，就留心看着她。

一种非常悲伤的声音从她的嘴里发出来，微弱，断断续续，只有听惯了夜间一切细小声音的稻草人才听得出。那声音说："我不是一条牛，也不是一口猪，怎么能让你随便卖给人家！我要跑，不能等着明天真个被你卖给人家。你有一点儿钱，不是赌两场输了就是喝几天黄汤花了，管什么用！你为什么一定要逼我？……只有死，除了死没别的路！死了，到地下找我的孩子去吧！"这些话又哪里成话呢，哭得抽抽搭搭的，声音都被搅乱了。

稻草人非常心惊，又是一件惨痛的事情让他遇见了。她要寻死呢！他着急，想救她，自己也不知道为什么。他又摇起扇子来，想叫醒那个沉睡的渔妇。但是办不到，那渔妇睡得跟死了似的，一动也不动。他恨自己，不该像树木一样定在泥土里，连半步也不能动。见死不救不是罪恶吗？自己就正在犯着这种罪恶。这真是比死还难受的痛苦哇！"天哪，快亮吧！农人们快起来吧！鸟儿快飞去报信吧！风快吹散她寻死的念头吧！"他这样默默地祈祷；可是四围还是黑洞洞的，也没有一丝儿声音。他心碎了，怕看又不能不看，就胆怯地死盯着站在河边的黑影。

那女人沉默着站了一会儿，身子往前探了几探。稻草人知道可怕的时候到了，手里的扇子拍得更响。可是她并没跳，又直挺挺地站在那里。

又过了好大一会儿,她猛然举起胳膊,身体像倒下一样,向河里蹿去。稻草人看见这样,没等到听见她掉在水里的声音,就昏过去了。

第二天早晨,农人从河岸经过,发现河里有死尸,消息立刻传出去。左近的男男女女都跑来看。嘈杂的人声惊醒了酣睡的渔妇,她看那木桶里的鲫鱼,已经僵僵地死了。她提了木桶走回船舱;生病的孩子醒了,脸显得更瘦了,咳嗽也更加厉害。那老农妇也随着大家到河边来看;走过自己的稻田,顺便看了一眼。没想到才几天工夫,完了,稻叶稻穗都没有了,只留下直僵僵的光秆儿。她急得跺脚,捶胸,放声大哭。大家跑过来问她劝她,看见稻草人倒在田地中间。

心灵体验

稻草人其实就是一个生活在社会底层的人的化身。它同情弱者:它的农妇主人、渔妇、渔妇的孩子、寻短见的女人以及被捉的鲫鱼等;同时它又痛恨恶人,小蛾即是这类人的代表。可是,它像树木一样,定在泥土里,连半身也不能移动,又如何能去帮助别人!无奈,最后只有倒下了。

放飞思维

1. 文中稻草人看到了什么,想到了什么,有什么深刻意义?
2. 为什么稻草人倒下了?其间包含了怎样的含义?

骑　　马

◆[法]莫泊桑

这些当初盛极一时,因游手好闲而衰败的人家,念念不忘的是他们的阶级偏见,日夜操心的是怎样维护门第,保持家声。

这一对可怜夫妇只仗着男的微薄薪金过着艰难的日子。自从结了婚连生两个孩子之后,本来还只是拮据的生活便变成了一种自卑的、藏藏掖掖的、自觉羞惭的穷困生活,一种没落的贵族家庭硬要支撑门面的艰苦生活。

埃克托尔·德·格里勃兰是在外省长大的,从小就在父亲的庄园里受着家庭教师、一位教会中的长老的教导。他的家庭并不富有，但还能勉强维持表面的光景。

20岁那一年，家里替他找到了一个位置，他以年俸1500法郎的科员身份进入了海军部。他和许多人一样在这块礁石上搁了浅再也不能前进。凡是幼年对艰苦的生活斗争没有受过训练的人，凡是隔着一片云雾看生活、既没有手段也没有抵抗力的人，凡是没有机会从小就发展他们的专才特长、对斗争养成一种坚强毅力的人，凡是手中从没有接到过任何武器或工具的人都免不了要这样触礁搁浅。

他在科里的最初三个年头是非常难过的。

此后，他遇到了几位世交，那都是一些上了年纪的时代落伍者，并且境况也都很不宽裕；他们住在贵族住的街上，圣日尔曼区的那些凄凉的街上；他从此总算有了若干可以来往的人家。

这些贵族对现代生活是一无所知，既自卑却又自傲，全住在静悄悄的楼房的上面几层，这些楼房里，从上到下的住户全是有贵族封号的；不过从2楼到7楼，都似乎不大有钱。

这些当初盛极一时，因游手好闲而衰败的人家，念念不忘的是他们的阶级偏见，日夜操心的是怎样维护门第，保持家声。埃克托尔·德·格里勃兰在这种社会里遇到了一个跟他一样，出身贵族而家境贫寒的年轻姑娘，他跟她结了婚。

4年内他们连生了两个孩子。

此后的4年中这户人家在穷困的压迫下。除了星期日到香榭丽舍大街散散步，以及冬天有同事送来优待券，到戏园看一两次戏以外，别无散心解闷的机会。

可是在交春的时候，他的科长委派他办了一桩额外的工作，他得到了300法郎的特别酬劳费。

把这笔钱拿回家来的时候，他可就对妻子说了：

"我亲爱的亨丽埃特，我们应该享受一下了，应该带孩子们出去玩一玩。"

经过了长时间的讨论，他们决定到乡下去玩一玩，并且在那儿吃饭……

"说真的，"埃克托尔喊道，"只此一遭，下不为例。我们租上一辆四轮马车给你、孩子们和女仆坐，我呢，我上马棚里去租一匹马。这对我的身体是有好处的。"

在这一星期内，家里的谈话总也没离开这次预计的远足旅行。

每晚，办完公回家，埃克托尔总要把大孩子抱起来，让他叉开腿骑在自己的膝头上，然后使足劲把他颠动着，对他说：

"你看，下星期日，出去玩的时候，爸爸就这么骑了马跑。"

小孩也就整天骑了椅子，满屋子拖着走，嘴里喊着：

"这是爸爸骑马呢。"

就是女仆,一想到主人将骑着马伴送着马车,也是睁着一双充满惊叹的眼看着主人;每次侍候主人吃饭的时候,她也总留心听着他大谈他的骑马术,讲述他当年在父亲家里的种种英勇事迹。哦!他是得过好传授的,只要两腿一夹着马,他是什么也不怕的,真正任什么也不怕的。

他高兴地搓着手,一次两次地对妻子说:

"如果他们能给我一匹脾气不大好的马,那我可太高兴了。你就可以看见我是多么会骑马;你要愿意的话,我们可以趁大家都从布洛涅森林回家的时候,绕道香榭丽舍大街回来,那时节我们该是多么神气;如果能够碰到部里的一两个人,那就更有意思了。不用更多的东西,只凭这一手,就能得到长官们的重视。"

到了那一天,车和马同时来到了门口。他立刻下楼,去检查他那匹马。他已经叫家里人缝好套在鞋底下扣紧裤脚的带子。他手里耍着一根头天晚上买的马鞭。

他把马的四条腿一一扳起来捺一遍,他按了按马的脖子、两肋和飞节;用一个手指头试了试它的腰;他掰开它的嘴,检查了牙齿,立刻说出了马的年龄。这时候全家都已经从楼上走下来,他于是又作了一篇短短的关于马的讲演,从理论方面和实用方面谈到一般的马,然后谈到眼前的这一匹,他认为这是一匹好马。

等到大家在车里全都坐好之后,他又仔细看了看马的肚带是否束紧,然后踏上一个马镫腾身而起,落在马上;马一感到背上有了人,立刻蹦跳起来,几乎把骑马的人摔下来。

埃克托尔十分惊慌,一个劲儿地想法子叫它平静。

"喂!别这么忙呀,我的朋友,别这么忙呀。"

后来,驮人的安静下来了,被驮的也坐稳了,于是问道:

"大家都准备好了?"

所有的人一齐回道:

"准备好了。"

他于是发命令:

"动身!"

大队终于出发了。

全家眼光都紧紧盯住他。他故意在马背上大起大落按照英国人骑马的姿势小跑着。屁股刚一挨着鞍子,他立刻就仿佛要升入天空似的向上蹿起来。有时候他又好像就要扑倒在马颈上,两只眼老是向前盯着,脸上的筋都绷得很紧,没有一点儿血色。

他的妻子膝上抱着一个孩子,女仆抱着另一个,两人不住口地说:

"瞧爸爸,瞧爸爸!"

两个小孩在车的颤动、心中的快乐和新鲜空气等等陶醉之下不住地尖了嗓子大叫。马听见喊声害了怕,就狂奔起来。骑马人在努力制止马跑的时候,帽子滚到了地上。马车夫只好跳下座来替他捡帽子,等到埃克托尔从他手里把帽子接过来,他可就远远地对妻子说了:"别让孩子们这么喊叫呀,不然我就管不住马了。"

他们在维西内树林里的草地上用了午饭,吃的是用盒子装着的各种食品。

尽管有马车夫照管着三匹马,埃克托尔还是时时刻刻要站起来,去看看他骑的马是否缺少什么东西,他抚摩着马脖子,给马吃面包,吃点心,吃糖。

他说:

"这匹马是不大好对付的。刚一骑上的时候,我简直有点儿骑不稳;可是你看见了,我很快就安然自在了。它现在是低头承认遇见能制服它的人了,再也不会乱动胡闹了。"

回来的时候,他们果然按照原定的计划绕道香榭丽舍大街。

那条宽阔的林阴大道上挤满了马车。在路两边游人是这么多,简直可以说是从凯旋门一直到协和广场绷着两条黑色长缎带。一片强烈的阳光射在这一切上面,使得车上的漆、马具上的钢件、车门上的把手都闪闪发着光。

好像有一种渴望活动的狂热,也可说生活的陶醉鼓舞着一堆人群和车马。那边呢,方尖碑在一片金黄色的烟雾中矗立着。

埃克托尔的马一过凯旋门突然鼓起了一种新的力量,尽管马上的人想尽方法叫它安静,它却向着它的马房,在那些车轮之间穿来穿去快跑起来。

他们的马车现在是落在后面了,远远落在后面了。到了实业部大厦的对面,马一看面前已不那么拥挤,就向右一转狂奔起来。

这时正有一个身系围裙的老妇人从容不迫地横穿马路。她挡在埃克托尔要走的路上,而埃克托尔正骑着马飞一般地来到。他已经无法控制他的马,只好使足了劲大喊:

"喂!当心!喂!快躲开!"

她也许是个聋子,因为她还是行若无事地继续往前走,一直到被那匹像火车头一般冲过来的马的前胸撞了,她才算止住。那时她可就脚朝天连翻三个跟头滚到了十步之外。

许多人都喊了起来:

"拦住他!"

埃克托尔早已吓傻,两手抓住马鬃,怪声地喊:

"救人啊!"

马的一个强烈颠动把他跟球似的从马头上抛出,落在一个正追过来截他的警

察怀中。

一转眼,他的四周就围了一群人,都十分愤怒,指手画脚地喊着骂着。特别是一位老先生,一位佩着圆形大勋章,嘴上两撇大白胡髭的老先生好像格外气愤,他一再说:

"见鬼!一个人要是笨到这种程度,就该老老实实待在家里!不会骑马就不该到街上来害人。"

这时4个人抬着那位老婆子出现了。那老婆子看上去好像已经死了,脸色蜡黄,软帽歪在一边,灰扑扑的全是尘土。

"把这个女人抬到药房去,"那位老先生发了命令,"咱们呢,一齐到警察局去。"

埃克托尔由两个警察夹着走了,另有一个警察拉着他的马。后面跟着一大堆人。这时忽然那辆四轮马车出现了。他的妻子立刻奔了过来,女仆呢,惊慌得不知怎么办才好,孩子们则是唧喳乱叫。他告诉了原委,说马上就会回家,他撞倒了一个妇人,干系不大。他家里人这才惊恐万状地走了。

在警察局里,不需多大时间就把事情说清楚。他报告了姓名:埃克托尔·德·格里勃兰,海军部供职;然后就等候受伤人的消息。派去打听消息的警察回来。据说,老婆子已经苏醒过来,不过据她说,身体内部非常疼痛。她是一个替人家收拾屋子的老婆子,今年65岁。叫西蒙太太。

埃克托尔一听说她没死,立刻恢复了希望,他答应负担管她治疗的费用,随后马上往药房跑去。

一大堆人聚在药房门口,那位老妇人倒在一张靠背椅里,不住地哼哼,两手一动也不动,脸上呆呆地毫无表情。有两位医生还在那里检查她的伤。胳膊腿没有摔断,不过怕是内部受伤。

埃克托尔跟她说了话:

"您很疼痛吗?"

"是啊!"

"哪儿疼?"

"就好像肚子里有团火在烧。"

一位医生走了过来:

"先生,您就是这意外事件的肇祸者吗?"

"是的,先生。"

"最好是把这妇人送到疗养院去。我知道有一家疗养院,6个法郎一天就可以收留她,您愿意我给办理一下吗?"

埃克托尔非常满意,道了谢,如释重负,回了家。

他的妻子泪流满面地在等着他,他叫她放心,他说:

"没什么要紧的,这位西蒙太太已经好多了,再有3天,就会完全好了;我已经把她送到一家疗养院里,没什么要紧的。"

没什么要紧!

第二天从办公室出来,他就去打听西蒙太太的消息。他见她的时候,她正很满意地在喝油腻的肉汤。

"怎么样?"他问。

她回答:"哎哟!我的可怜的先生,还是那样。我觉得是毫无希望了,并没有见好。"

医生表示说应该再等一等,因为伤情可能突然恶化。

他等了3天,然后再来看她。那位老婆子面色也照常了,眼睛也有神了,但一看见他就哼唧起来。

"我不能动了,我的可怜的先生,我不能动了。一直到死,我就是这样下去了。"

埃克托尔背上起了一阵寒噤。他要求见医生。医生举起了双手:

"先生,有什么法子呢!我也弄不清是怎么回事,只要一扶她起来,她就鬼哭神嚎。连挪动一下她的椅子,都不能不使她发出悲惨的叫声。我应该相信她对我说的话,先生,我不能钻到她的肚子里去看。在我没看见她下地走动以前,我就没有权利设想她是在扯谎。"

那个老婆子一动不动听着,眼里露出狡猾的眼光。

8天过去了,随后是15天过去了,一个月过去了。西蒙太太还没有离开她的靠背椅。从早到晚她不停嘴地吃,慢慢地胖起来。她很快活地跟别的病人聊天说地,好像已习惯于这种不走不动的生活,就仿佛经过了50年的上下楼梯,拍打褥垫,上楼送煤炭,这儿扫扫那儿刷刷的生活,这是她理所应得的休息。埃克托尔已是走投无路,每天来看她,而每天都看见她那么安安静静,心安理得,老是说:

"我不能动了,我的可怜的先生,我不能动了。"

每天晚上,埃克托尔的妻子提心吊胆地问:

"西蒙太太怎样了?"

每次,他总是万分颓丧地回答:

"没有变化,没有一点儿变化!"

他们辞退了女仆,工钱的负担太重了。他们加紧地节省,那笔额外报酬全部都贴了进去。

埃克托尔于是约请了4位大名医替这位老婆子会诊。她听凭他们检查、听凭

126

他们摸、按,一面睁着刁钻的眼睛偷偷看他们。

有一位医生说:

"应该叫她起来走走。"

她立刻喊叫起来:

"我的好先生们呀,我走不了啊,我走不了啊。"

他们于是抓住她,把她提了起来,向前拖了几步;可是她从他们手中滑了下来,瘫倒在地板上,发出那样可怕的喊声,他们只好万分小心地又把她抬到她的原座上。

他们很谨慎地发表了意见,但还是断定她已无法工作。

等埃克托尔把这个消息告诉了妻子,她不由自主地倒在一张椅子上,嘴里吞吞吐吐地说道:

"还不如把她弄到家里来呢,花钱可以少一些。"

他跳了起来:

"到这儿来,上咱们家来,那怎么可以呢?"

可是她现在已决定忍受一切,眼里含着泪回道:

"有什么法子呢,我的朋友,这不是我的过错啊……"

心灵体验

埃克托尔虽然出身没落的贵族家庭,即使生活穷困仍念念不忘他的阶级偏见。正因为他的这种思想观念的存在,因此他时刻渴望能表现自己,好像他本是贵族中的一员,其结果可想而知。

放飞思维

1. 埃克托尔刚开始时大谈他的骑马术,但骑上马后却没有一丝血色,最终还引祸上身,这反映了他怎样的性格?
2. 西蒙太太是一个怎样的人,你认为她的最终目的是什么?
3. 文章结尾处他的妻子说"这不是我的过错啊……"那么你认为应是谁的过错呢?

漫语慢蜗牛

◆梁锡华

世人只要略效蜗牛，什么明枪暗箭，大小打斗，就可以消弭了；但拈酸呷醋，爱恨情仇一类恶事恐怕是不免的，除非造物主可怜我们，全部来一个大变性，让我们人人雌雄同体，自得其乐且同享遐龄。

敝寓周围的林木草地间，蜗牛不时出没。以外壳做标准，一般长约两三寸。所以，读者可以想象，当某夜我发现一头5寸大蜗牛时，忽然间心跳到什么程度。对着这庞然巨物，不禁念到蜗牛族的命运。它们慢爬漫爬，方向尽管糊涂，但魂牵梦萦的明确目标倒有一个，就是觅食。然而，它们沉甸甸地背负求存的重担在分寸间博一点儿默默的挪移，却往往遭人在有心或无意的残暴下一脚踹瘪。生之惨伤，亦无过于此了。本来从觅食到寻死，不限蜗牛，其他动物也差不多，包括人类，但面前这头大蜗牛无疑是祖父母辈的了，若说年轻力壮的动物谋生已觉艰难，耆寡的又怎样呢……我把那老蜗牛捡起带回家去。

养宠物我完全外行，因为一生似乎都是自顾不暇的。这次因缘际会，人牛共处，第一个难题就是吃我的面包乳酪似乎不合牛性，而在灯下看它延颈伸角，很有求哺之意，使我惶急到连手指都冒汗了。那时，忽然想及农人最痛恨蜗牛，于是灵机一动，翻倒垃圾桶捡出几片白菜的败叶权充救济粮。哈！果然所料不差，菜叶原来正合那位老人家的胃口。不过看它疯噬狂啃的吃态，自己倒有点儿惊怕，因为它用膳时实在凶相毕呈，而且牙齿间轧轧作响。我想，要是扩音百倍或千倍，跟鲸鱼吃人时的吞肉嚼骨声应该相同——多恐怖啊！又假如我是小人国的一员，瞧见这巨无霸的老丑上下左右见菜即咬，怕不吓得晕倒地上？

膳之后，问题当然是宿了。蜗牛若跟我共榻，虽然大家都不致犯异性恋或同性恋，但总有说不出的那个。何况偶一不慎，不是它冷黏黏的尊体把我全人化作鸡皮，就是我一翻身把它压扁。不过这问题并不恼我。一个投闲散置经年的空金属罐，正好作它铜墙铁壁的安乐窝。事实上我大错特错了。它虽然上了年纪，但看来很讲究摄生，因为饭后要散步观夜色以助消化。住碉堡式的住宅吗？庄子说得好："神虽王，不喜也。"

两天后，我已懂得老蜗牛的习性了。它在黄昏后便为口腹勉力慢"跑"，饱餐了便稍舒筋骨，接着找个阴暗的角落休息。白天是死人一样不吃不动的，最爱贴在略湿的砖头旁边,有点青苔的更妙。每天照例拉屎一回,尿好像没有,屁没听过。最惬意的食物是青菜、西瓜、香蕉,苹果也受欢迎,果肉最好,万一为势所迫,皮也可以勉强将就。淀粉质的东西不合肠胃,猪鸡等肉更不敢领教。这位素食主义者,生活节奏既然缓慢,又善养它浩然之气,看光景活100岁也不稀奇。

一周过去,人牛关系,正如外交官的口头禅,空前良好。我顾念它的寂寞,于是找了两只小家伙给它做伴,算是为它收养了一对孩子。其中较大的,有点儿不良少年倾向,饭前饭后照例在露台中它们的家园内外闲荡。它的食量最大,这也是意料中事了。一次它失踪了一整天才回家,是私约了女朋友还是男朋友于其不可告人之事呢,还是参与黑社会活动呢?这事至今没查明,不过,此后它也规矩下来了。在外头谋生,总不容易吧。小的那一只食少睡多,大概属娃娃级,且不哭不闹,乖得可人。老牛对于二少者,不打骂、不教导、不呵护、不理睬,表现得既无亲情,也无代沟。我看这家庭未符理想,于是着意为老的找伴侣,半月后,成功了,是雨后的一夜无意得之的。新牛4寸多,以人龄换算,约四五十岁吧,配个60岁汉子,也不致太委屈。可是,一转念,心下立刻没把握了。我怎知道它们的性别呢?要是我想错了,其他的可能有三个:第一,老中二牛俱属雄性,这会儿生意见或闹不道德之恋。第二,同是女身。那更糟了,因为吵起来,一定更凶。第三,老的雌,中的雄。那会弄成老妻少夫的局面,不合中华国情。唉,一提到终身伴侣,没有的,失神;已有的,失色。这世界,莫说终身大事,就算非终身大事的露水姻缘,也难搓捏得美满,除非是所谓天作之合,或那种超露水,名为人作之合的闪电式撞击。我面对困扰,智谋尽丧,最后只好用愚人之法,让这四口之家混一个时期再作打算。

但牛家形势之大好,实在出乎意料。它们不吵架、不打斗、不抢吃、不偷盗、不妒忌,而且脾气好得像棉花软糖。它们偶尔在"食桌"边缘碰上了,大家就用触角打个招呼,然后各吃其吃,或各游其游。他们固然不非礼,但好像也不屑恋爱。彼此君子淑女到这个一直追梁山伯祝英台的境界,虽然很有《圣经》所示在地若天的新耶路撒冷风味,但在人间,或蜗牛间,总有点儿遗憾。不过,稍后我失笑了!原来,我现在知道了,蜗牛是雌雄同体的,功能自生自灭,意能自满自足,情能自收自放,一切正如它们的贵体,自伸自缩,所谓用合自如,行藏在我者是。哲学到如斯神妙人化,我们,一大堆自命万物之灵的愚男蠢女,能不愧死?

苏东坡才高气迈,下笔无所不透,他写过《蜗牛》诗,但其言差矣,且听:"腥涎不满壳,聊足以自濡。升高不知回,竟作黏壁枯。"蜗牛固然自濡,但也相濡,绝不像自私的人类那么鄙陋。至于"升高",那是少之又少的。蜗牛性谦卑自牧,干时冒进、拼命求升的事,它们才不干!它们最不奉承那炙壳可热的太阳。当这位高高在上、万人瞻仰、光辉烈烈的阿波罗以满身金光的威势出现,它们就赶紧躲起来了。怎能"新壁枯"?蜗牛的美德,上面已顺笔提及,然而尚不止此。你看它们行进的步伐:

慢,不错,但谁及它们稳重?它们两对触角作先锋探路,遇物必缩。你说它们畏这畏那么?非也。它们其实是步步为营,却又锲而不舍。缩,是的,但绝非一缩永缩,而是缩后必伸。壳内坚定的信念只有一个:再探头舒颈时,外边世界又是一番新意了,至少所呼吸的空气已经不是半分钟前那一股旧流。它们在前进的道路上,即使遇阻遇挫,还是一分分、一寸寸地用力爬。此路不通则彼,彼路不通则此,那里像我们人类中的一类,失败了就骂,就哭,就赌气,就怨天,就尤人,就寻死!人不如蜗牛,我们难道还有什么可辩的?卡洛尔(Lewis Carroll)写《阿丽思漫游奇境记》,称蜗牛为"可爱的"。他的胸襟和见识,在这一点上就超过了苏东坡。莎士比亚对蜗牛也礼敬有加。他在《空爱一场》(love's Labour's Lost)剧中,称赏爱情的感觉,是以蜗角的柔细灵敏作陪衬的。苏东坡在这方面亦未见友善,他说"蜗角虚名,蝇头微利,算来著甚干忙"(《满庭芳》)。把爱情样美丽的蜗角牵上"虚名",不免损害蜗牛的实名。但要怪东坡居士不如骂庄周,后者大概是开损毁蜗牛形象之先河的。他在《则阳》一文内,有所谓蜗角左右各有一国而"时相与争地而战,伏尸数万"。这种浪漫的想法,和蜗牛本性相去远矣。

养蜗牛已差不多有3个月了。我给它们的,只是一些菜叶果皮,但它们惠我的启迪,却是意味深长的。世人只要略效蜗牛,什么明枪暗箭,大小打斗,就可以消弭了;但拈酸呷醋,爱恨情仇一类恶事恐怕是不免,除非造物主可怜我们,全部来一个大变性,让我们人人雌雄同体,自得其乐且同享遐龄。最后,我要发一则讣闻:我最小的一头婴牛,前数天失足从九层楼跌到水泥地上,壳破牛死。想到这小乖乖的意外夭折,不免凄然,谨借用上引卡洛尔"可爱的"三个字作吊辞,以表示那难挂在林木草地,却永挂在眉间心上的一缕紫念。

心灵体验 作者用大量的人类现代社会流行的语言来写蜗牛,亦中亦洋,亦古亦今,亦谈亦谐,产生了一种幽默的趣味。同样是描写动物,本文与《兔与猫》形成鲜明的对比。

放飞思维 1.蜗牛是雌雄同体的动物,你能说出生活中常见的动物还有哪些是这样的?

2.作者对蜗牛评价极高,文中列举了蜗牛的哪些优良品性?

龋　齿

◆[黎巴嫩]纪伯伦

> 然而,已病死的民族不能复生,它无法向公众阐述精神病因,也不能讲明置诸民族于死地的社会疾病的症结。

我口里有一颗龋齿,千方百计折磨我的神志:白日里,它静静伏兵以待;黑夜里,牙科医生安歇,药房闭门,它便猖獗一时。

一天,我终于忍无可忍,于是走访医生。我对医生说:"请拔除我这颗龋齿吧!它使我尝不到睡梦的香甜,将宁静的夜晚化成了呻吟和呼叹。"

医生摇头说:"倘若能够医治,千万不要拔掉龋齿。"

说罢,医生动手钻磨、清洗,除掉龋齿上的病迹;直到再无虫蛀部分,便在牙洞间填充以真金。之后,医生夸口说:"病牙已经变得坚固结实,胜过了你那健康的牙齿。"我相信他的话,递上一把第纳尔,高兴地和牙医告辞。

一周未过,这颗倒霉的牙齿又来折磨我,它驱散了我心中的歌,代之注入临死者发出的喉鸣和深渊中传来的啼哭声。

我走访另一位牙医。我坚决地说:"请拔除这颗填金的坏牙吧!不要犹豫,不要迟疑!'挨棍子打的人不同于数棍数的人。'"

医生动手拔牙。那是剧烈疼痛的时刻,然而也是吉祥欣喜的时刻。

医生拔下那颗病齿,仔细检查。之后他对我说:"对,应该拔除!病在牙根,已经没有希望治愈。"

那天晚上,我安然入睡,睡得恬适酣畅,因此,我深深感激这拔除之功。

在人类社会的口中,有许多龋齿,虫疾蔓延,直蛀其颌。但是,人类社会却不拔除这些病齿,以求摆脱痛苦,而是满足于治疗调理,清洁表面,用闪光的金子填充牙洞。

有多少医生,只用华丽的涂料、光亮的金属来装饰人的牙齿!有多少患者,屈从于好心医生的意愿,呻吟着接受调治,受骗而死!

然而,已病死的民族不能复生,它无法向公众阐述精神病因,也不能讲明置诸民族于死地的社会疾病的症结。

在叙利亚民族的口中,生着肮脏发黑的龋齿,散发着恶臭。医生们对这些龋齿

进行清洗，填充磁粉，外裹上金壳，均无济于事；要想治愈，除非连根拔掉。生着龋齿的民族，其肠胃甚弱。世界上因消化不良而衰亡的民族，数不胜数。

谁想看看叙利亚的龋齿，请到学校里去。在那里，未来的人们可以弄清艾河法士的那些话来自西伯维；而西伯维则是从驾驼轿的人那里听来的。

或者到法庭去，在那里，杂技式的才智戏弄诉讼案件，就像猫戏逗捉来的老鼠一般。

或者到穷人家里去，那里充满恐惧、怯懦和愚昧。

此后，再去访问牙医。牙医手指轻柔，机械精密，麻药齐备。他们天天都在填补龋齿的窟窿，清洁有病部位。如果想和他们谈谈，吸收他们的才智，就会知道他们是才子和雄辩家。他们组织协会，举行会议。他们在俱乐部、广场发表演说。他们谈话的声调和谐，比石磨的声音悦耳，较7月夜下的蛙鸣高亢。

但是，倘若有人对他们说，叙利亚民族正用龋齿吃着赖以生存的食物，口口食物都混杂着有毒的唾液，会引起肠胃病，牙医们就会回答说："是的，我们正在研究最新药品和最新麻醉剂。"

有人对牙医们说："你们何不连根拔除龋齿？"他们会取笑他，说他没有对深奥的牙医术进行研究。

假如再要问下去，牙医们便会远远离去，并且厌烦地自言自语："在这个世界上，幻想家何其多！他们的梦想又是多么美妙啊！"

心灵体验

"我"得龋齿后有两种医生的医治：一种是清洗填充真金，另一种则是连根拔掉。由此而引申到社会的龋齿。针砭叙利亚民族之时弊，读后令人深省。

放飞思维

1. 如何理解"挨棍子打的人不同于数棍数的人"？

2. 从文中的描述看，叙利亚民族口中"生着肮脏发黑的龋齿"指的是什么？

3. 对那些不良的社会现象作者提出的解决方法是什么？结果如何？

四

在人生的舞台上，社会的熔炉里，我们应该把握住自己。无论是在"雾生露湿，青草萋萋"的逆境中，还是在将来"夕阳西下，青春不再"的年老时，把握住自己，千万不要把漂亮的勾拳打在自己的脸上。

社会大熔炉

人生的道路虽然漫长，但紧要处常常只有几步，特别是当人年轻的时候。

没有一个人的生活道路是笔直的，没有岔道的。有些岔道口，譬如政治上的岔道口，事业上的岔道口，个人生活上的岔道口，你走错一步，可以影响人生的一个时期，也可以影响一生。

欣赏是另一种阳光

◆ 马 德

> 而实际上,做到欣赏又是那么容易,只要在他们最需要的时候,能有一句肯定的话就足够了。

卓别林小的时候,有一年圣诞节学校准备组织一个合唱团。从父母身上继承了许多文艺细胞的卓别林,觉得自己很有希望入选。可是,最终选拔的结果,他没有被列入名单之中,为此卓别林很沮丧。

一天在班上卓别林背诵了一段《普里茜拉小姐的猫》的喜剧歌词,很有特色,惹得班里的同学哄堂大笑。让他到其他班级表演,同样博得了大家的喝彩。老师安慰说:"卓别林,虽然你唱得不好,但表演很有幽默的天分。"

后来,父亲早逝。母亲患上了严重的精神病。为了生计,卓别林四处到剧院打听,希望能够演上一个角色,以便养家糊口。终于有一天,伦敦的一家剧院要上演一出叫《吉姆——一个伦敦人的传奇》的戏,剧院的老板答应让卓别林在剧中扮演一个孩子的角色。

所憾《吉》剧的演出并不成功,招来许多批评家毫不客气地批评。然而《伦敦热带时报》在批评该剧的同时却独具慧眼地对卓别林在剧中的表现大加赞扬:"但是幸而有一个角色弥补了该剧的缺点,那就是报童桑米,这出戏之所以还招人喜欢,多半是因为有了这个灵活的伦敦流浪儿童。桑米一角虽然在剧中被写得陈腐而平常,但卓别林这位玲珑活泼的孩子却把他演得十分有趣,以前我们不曾听说过这个孩子,但是,可以预见,在不久的将来定会看到他不凡的成就。"后来,年轻的卓别林在伦敦的舞台上小有成就的时候,又获得了一个去美国演出的机会。不巧的是,这次演出的剧目同样也没有引起任何轰动,然而美国的《剧艺报》在谈到卓别林的表演时却撰文评论道:"那个剧团里至少有一个很能逗笑的英国人,他总有一天会让美国人倾倒的。"

我读卓别林传记的时候,每每读到这些会很受感动。我想卓别林最后能够成为享誉世界的艺术家,除了他的天才与勤奋之外,与他年轻的时候宽厚的社会氛围是分不开的。

曾记得有人说过这样一句话:对于一个人一生的成长来说,欣赏是另一种必要的阳光。的确,欣赏就是这样一缕纤细的阳光,能使将要跌入生活暗处的人,及时得到一丝光亮的指引,获得前进的勇气,看到走向成功的希望,从而最终引领他

135

走向明媚的未来。而实际上,做到欣赏又是那么容易,只要在他们最需要的时候,能有一句肯定的话就足够了。

心灵体验

只要你努力了,别人就能看到你的成绩。未成名之前的卓别林,两次随剧团演出的剧目都不怎样,然而他个人的表演天赋得到了人们的肯定,而且这种肯定,把卓别林推到了人生艺术的巅峰!

放飞思维

1. 卓别林的成功喻示了一个什么道理?
2. 实际上,每个人做到欣赏是那么的容易,你曾是欣赏者还是被欣赏者?

混入北图

◆毕淑敏

儿子说,今天我有三点感受最深。一是北图的书真多!二是北图的快餐鱼真好吃。最后一条是……他沉吟,显出少年老成。

带儿子混入北京图书馆,蓄谋已久。

孩子的度量衡,与成人大不相同。人小的时候,可以吃到一生中最好吃的东西,看到一生中最神秘的景象,记住一生中最难忘的话语;甚至恐惧,也是童年时为最。

我带孩子参观过许多展览,许多博物馆。4岁时便让他独自去爬长城,我坚信那份磅礴与宏伟,会渗入他的骨髓。少年是一块虚怀若谷的包袱皮,藏进什么都最稳妥,一辈子都能闭着眼摸到。

北图是亚洲最大的图书馆和北京最美的建筑之一,但它只对成人开放。门口很随意地写着(想像中北图的规矩应该铭刻在铜质烫金的硬物上)进入需要证件。说起来挺宽松的,比如退休证、个体工商者证都行,惟有对学生,是一份别致的苛刻:需大学三年级以上的学生证。

假如儿子20岁时才能进入北图,我觉得那是生命的遗憾。对于成人,北图只不过是获取知识的所在。对于孩子,这座宝蓝色屋顶的巨大宫殿,该有一股独特的魔力。无奈我们的国立图书馆"少儿不宜",于是一个鬼祟而崇高的主意开始萌动:等他长到和我一般高,我们就混入北图。

　　耐心地等待这颗青果成熟。终于有一天,孩子能穿40号的鞋了。我对他说:想去北图吗?想去。儿子酷爱书。他说过最爱的是母亲,其次是书,气得他父亲啾啾。现在,第一爱的要领他去看第二爱的,焉有不快活之理。

　　需要做些准备。

　　穿上你爸爸的羽绒服,这样可以显得更臃肿更老成些。戴上平光镜。别戴墨镜,墨镜容易诱人起疑,哪有进图书馆两眼昏黑的。不要戴口罩,现在大街上谁戴口罩,欲盖弥彰。

　　最重要的是揣上你爸爸的工作证。且慢,让我再看看像不像。那是丈夫年轻时的肖像,儿子与他酷似,心中便很踏实。

　　装扮妥当,临出门的那一瞬,突然气馁。从来没做过这种偷天换日的事,心中惶惶然。要不,等你再长大一点儿,唇边有了小胡须,就更像你爹了,咱们再去?我试图劝阻儿子。

　　妈妈,你为什么这么婆婆妈妈!纵然被人捉住了,又有什么?鲁迅早说过,窃书不算偷。况且我们并没有偷,只是看。看看有什么罪过?14岁男孩像马驹一样蓬勃的话,鼓舞了我。不过那句话是孔乙己说的,不是鲁迅说的。我纠正他。

　　走!去北图!

　　北图门口有卫兵,那是不足虑的,他并不盘查。很顺利地通过这第一道关卡。我故意落下几步,从侧面观察儿子。他确实很像个成人了,步履匆匆地向北图高大的正门迈去。漫长的汉白玉台阶上生长着在北图冬天显出苍灰色的苔藓。

　　慢行。我说。为什么?妈妈。他问。你看那台阶。台阶怎么啦?那台阶证明很少有人从正门通行。那人们从哪里进去读书呢?有许多莘莘学子从我们身边掠过。

　　从侧门。我说。

　　那么正门什么时候开呢?好像是有贵宾参观的时候。

　　儿子便有一刻黯然。然而毕竟是孩子,他很快被北图优雅的环境所陶醉。

　　这是北方冬日极好的一个晴天。天穹蓝得如同海底世界,北图以同样碧蓝且更为耀眼的琉璃瓦无所顾忌地炫耀自己。在这座庞大的王国里,居住着书的君王和它的亿万子民。

　　洁净的院落里,树影扶疏。注意树上的标牌,上面写着这株植物的名称种属……我提醒儿子。

儿子像小鹿似的跑。妈妈,我们还是去看书!到了图书馆,看书最重要,看植物留到植物园吧!

现在,我们要通过第二道封锁线了。进楼的人需把证件打开。妈妈,他会仔细看我的工作证吗?爸爸的年龄一栏里写着40岁,我怕……儿子倚住我。

别害怕!我在前面走,你在后面跟。注意我的动作,只潇洒地把证件扬一扬,以我的经验,门卫就会挥手放行……我勇敢地给儿子示范。

终于,我们成功地进入了北图!

我领着儿子,教给他怎样存包,怎样查找目录,怎样办理复印手续……他像只乖巧的小狐狸不远不近地跟随我……我最后指点给他厕所的位置。

现在,我们去阅览厅吧!儿子跃跃欲试地说。

现在,我们回家去吧!你已经看到了北图的巍峨,你已经知道了借阅的程序,我们的目的已经圆满达到。该走了。至于书,哪里都是一样的,犹如水,无非是河里的浅,海里的深。

不!妈妈。那不一样,海水是咸的!如果我们不看书,那还算什么到过北图!

我要承认我在粉饰怯懦。领儿子游览北图迄今顺利,一切平安应该见好就收。终究是用的假证件,出了纰漏,就毁了初衷。

面对儿子渴求的目光,我决定率他铤而走险。孩子你走进厅里,工作人员会接过你的证件,然后换给你一个号码牌,你就到座位上去读书……注意签字时,一定要写你父亲的名字而不是你的……还有单位,千万不能写成你所在的中学……最后,切记不可把书带出来,不然特殊的仪器会发出尖锐的鸣叫……我谆谆告诫。

妈妈,我去了。儿子像股火苗,一蹿好高。不成,咱们再换一个阅览厅。我牵起他转移阵地。

为什么?儿子大惑不解,这个阅览厅的工作人员看起来很负责,我们太危险。

真正明白了什么叫做贼心虚。挑了一个工作人员埋头读书的阅览厅,用手一指,果断地说,你进去吧!

妈妈,你不同我一起去呀?儿子惊讶地瞪圆了眼睛。你害怕了吗?我激他。好,妈妈!儿子一步迈了三级台阶,拐向阅览厅。

真实的理由是:我害怕这种场面。也许儿子尚不致露马脚,我先要在一旁面红耳赤,心跳如驼铃了!

我卡在楼梯口,既不敢上,也不敢下,探头觑着阅览厅落地的玻璃门。在儿子向工作人员掏出证件的那一瞬,我闭上了眼睛……

真害怕看到尴尬的一幕,真恐惧听到刺耳的叱声……

四周静悄悄,仿佛一片荒原。待我再睁开眼睛,我已看不到儿子了。巨大的玻璃门像一层无声瀑布,只有那位工作人员仍在痴迷读书……

儿子终于成了北图读者,我好欣喜。原想进去找他,又想还是让他独自享受在这殿堂中阅读的喜悦吧。

我在楼梯拐角处,一直等到闭馆时儿子出来。我们到小卖部买点儿熟食充饥。

妈妈,你说人家不会仔细瞧照片,实际上他的眼光像吸尘器,在我脸上吸了个遍,肯定认出了我。只是,他什么也没说。

哦,谢谢你,北图爱读书的管理员!

告别北图。儿子说,今天我有三点感受最深。一是北图的书真多!二是北图的快餐鱼真好吃。最后一条是……他沉吟,显出少年老成。

最后一条是什么呢? 轮到我好奇。

我想从北图的正门走进去。

心灵体验

很多时候,很多家长,非常重视孩子背了多少诗,做了多少题,记了多少单词……其实这些知识上量的积累并不是很重要,重要的是渗入骨髓的生命的教育!

放飞思维

1. "我想从北图的正门走进去",与前文何处形成照应? 有何深意?

2. 相信北图的见闻会成为日记中的靓丽风景,请模仿儿子口吻完成这篇日记。

和你在一起

◆佚 名

我的心震颤了一下。当简谈到维齐的时候,我发现自己正在想着的是我勇敢无畏的女儿:她终于要恢复了。

女儿简12岁时,我们得到了一个很糟糕的消息,简遭遇到了成长过程中严峻的挑战:需要进行腿部截肢。作为一个母亲,我担心女儿精神上能否承受得了。某一天晚上在医院里,简久久不能入睡,她突然问我:"妈妈,还记得维齐吗?"

我们家住在阿拉斯加费尔班克斯的农场,沿路是一条伐木大道。寂静的乡村常常有野生动物出没。一个冬夜,我和丈夫乔出去散步时,听到远处传来了呼唤声。

一只小狐狸正蜷缩在一个陷阱里,它秋枫似的毛色衬着满地的白雪,分外美丽。它后背弓着,试图跳出来,可猛地往上一冲,摔倒了。

"看它那条腿,"乔说,"受伤了。"

乔脱下他的外套,温柔地盖在它的身上。我在将它受伤的腿从陷阱里弄出来时,时刻提防着它会扑上来咬我。但是它却老老实实地缩在乔的衣服下并未挣扎。它黄色的眼睛明亮澄澈,尽管透着痛楚与恐惧,还是凛然地瞪着我们。回家的路上,我们给它取名叫"小狐狸维齐"。

我曾做过兽医的助手,对动物的饲养有所了解,可以熟练地给阿拉斯加的野生动物疗伤。当我们把小维齐领到厨房时,那些小动物们全都把目光集中过来。两只脚已冻僵的猫头鹰站在笼子里的吊环上,恶狠狠地瞪着它。那只秃了顶的老鹰靠在沙发的后背上,死死地盯着它,尽管它翅膀已经断了。关在笼子里的豹虽然已经冻得半死,还是将鼻子伸过铁丝网,发出嘶嘶的叫声。我们家的小猫也毛发直竖,警惕地注视着这个不速之客。

乔坐在饭桌旁轻轻地爱抚着维齐的头。我则准备给它接腿。三个孩子围在身旁。"尽量不要弄疼它。"7岁的简轻声说,她俯身将一头金色的秀发靠在了玲珑精巧的小狐狸身上。

乔用蘸了乙醚的棉球对维齐实施了麻醉。维齐一昏过去,我即给它清洗伤口,我用小镊子除去断裂的碎骨,然后用剪刀剪开伤口旁边的皮毛以使断裂的骨头露出来。总共有4处断裂,我竭尽全力使骨头接合得完美无缺。乔与此同时监测维齐的心律。最后，我缝好皮肤的开口，将整条腿打上绷带，又用夹板固定住。手术几小时后，维齐眨了眨眼睛。它抬起头来看看四周，然而却没有站起来。我拿一块毯子给它搭在笼子上，以给它一个隐秘空间，并将笼子门半开着。

夜晚的脚步声

第二天清晨，我发现维齐侧身躺着，呼吸均匀。使我诧异的是，它枕在一张毛茸茸的粉红色毯子上。这张毯子一定是它晚上吃力地从客厅拖到自己的笼子里的。

可两天过后，情况糟透了。第三天晚上，维齐试图咬断夹板，而且它脆弱的腿骨感染了，已经无法修复。没有别的选择——那天我还是截去了维齐的那条腿。

等待的过程漫长而又令人心焦。几个小时后，维齐终于动了一动。我拿蘸湿的毛巾将凉水一滴滴挤进维齐嘴里。整整一天我和乔两个人轮流照顾它。简和弟弟马克、司各特除了吃饭、洗澡，也一直陪着小维齐。

几天后，维齐开始吃东西、喝水，行动也灵敏起来。我注意到它盯着卧室的门朝里张望。终于我明白它想要什么：它在找那张粉红色的毯子。是我从它的笼子里拿出来准备洗的。

当我把毯子递过去时，维齐把脸伸过铁丝网，将毯子拖到它身旁。我们决定再一次打开笼门，让它在房子里自由地活动。维齐站起来，无法掌握平衡，摔倒了，可它又试着重新站起来。简小声说："妈妈，小维齐真勇敢，它一直在努力尝试。"我的心痛了一下。

几次努力之后，小维齐站了起来，但似乎并不愿意走路活动。然而那晚我半夜醒来，听到了它轻柔的步子穿过了我们的卧室，它冷冰冰的鼻子蹭了蹭我的手。接着我听到它穿过客厅到了孩子们的卧室。

很快地那个笼子成了它的小窝，它回归安全的所在。在那里它弄干净自己的皮毛，将食物藏在粉红色的毯子下。毫无疑问，它已将那张毯子据为己有。有时候它会裹着毯子睡在壁炉的炉条后面，于是我们看到的将是一袭粉红。

维齐现在可以四处随意地活动。看我们靠近就匆匆跑开。它喜欢玩它心爱的玩具——一只旧手套。有时候它会跳起来将手套抛至空中，再把它接住。有一天晚上我失神地注视着它踱至门口，站在那里，鼻子伸到门缝，嗅着屋外的空气。

野外的呼唤

7个星期一晃而过，哺育的季节慢慢临近了。小维齐需要自由自在地去找寻它的伴侣，它的新窝。但在它重返自然之前，我和乔必须确信它可以自己捕食。

有一天晚上，乔将一只捉来的小鸡放在厨房，可维齐一动没动。我大失所望，上床睡觉了。但早上乔在它的笼子里看到鸡骨头在粉红色的毯子上堆成了一座小山丘。

小维齐的不安与日俱增。晚上它会走过屋子，望向窗外。白天当我们看到狐狸、雪貂和野兔在雪地上留下的足迹，便明白小维齐看到了什么。

我再无借口将它留下来。难道我不曾对孩子们说过野生动物不该当宠物养吗？尽管我希望小维齐过它与生俱来注定要过的生活，但一想到要放走它，我还是伤心不已。

终于我们认定维齐应该走了。我深深地恐惧着它离去的那一瞬。我慢慢打开屋门，盼望它一冲而出，消失不见。但事与愿违。维齐站在门口，又返回了窝里，卷起了它的粉红色毯子。

儿子司各特说："妈妈，它不想走。"

第二天晚上，我又打开了门。维齐跑出来看了看，它闻到了夜晚的气息，也读懂了其中蕴涵的全部意义。但它再一次回到笼子里。

5个晚上过去了。我们的小狐狸终于冒险而出，消失在我们全家的视线里。我和乔悲喜交集，将它的笼子拿到屋外以防它在晚上回来。简和她的弟弟们紧随其后，手里拿着维齐的粉红色毯子、它最钟爱的手套、骨头和一些食物。

第二天早上我们迫不及待地察看笼子。一些食品已经被吃掉了，剩余的一些藏在它的毯子下。雪地上维齐的三只脚印清晰可辨。

3个星期以来，维齐每晚都回来吃我们给它留的食物。它一件件地将手套、骨头都带走了。之后有一天我们在它的笼子里发现了一只刚刚死掉的松鸡。简兴奋地对我说："妈妈，它恢复了！"

接下来的一个晚上，维齐拿走了它的粉红色毯子。尽管我们都明白它就在附近，可我们也都清楚这是它最后一次回到笼子里来。

6月份我们不得不搬家。离去的那天，维齐蹲在护堤上注视着我们。它看上去身体强健，只是夏季的皮毛还比较蓬松杂乱。

"维齐，"我停车跟它作最后道别，"照顾好自己。"它叫了两声，之后便回到了它与生俱来的野生生活。这是我惟一一次听到它的叫声。

简和我那晚在医院里，很久都在谈维齐。简蓝色的大眼睛闪动着晶莹的泪花：

142

"妈妈,你知道,生活中任何困难都无法阻挡我实现自己的梦想。"

我的心震颤了一下。当简谈到维齐的时候,我发现自己正在想着的是我勇敢无畏的女儿:她终于要恢复了。

对于维齐,我愿意相信它已经找到了它的伴侣,当了妈妈。许多次我都看见雪地上它独一无二的脚印;许多次我都渴望知道,是否它的到来就是要告诉我们如何面对生活的苦乐。

心灵体验

小狐狸真幸运,它遇到了好人的无私救助,它和人类共度了一段和谐美好的时光;它的坚强,也感染了要截肢的小女孩!

放飞思维

1. 那条粉红色的毯子在文中起到什么作用?作者为什么要几次提到它?
2. 你认为小狐狸维齐带给"我"一家人的是什么?
3. 作者认为简终于要恢复了,你认为呢?为什么?

不乞求理解

◆陈大超

我不知道我今后的结局怎样,我现在所能做到的,就是学着我的一位朋友的样,硬着头皮向世人宣布:我也不乞求理解!

当被无数的不理解压抑得我透不过气来的时候,我就自然而然地理解了许许多多人的自杀。都说活人不能被尿憋死,但活人却可以被不理解憋死。憋得你痛不欲生。

被有足够多的人理解,或许是人生最好的生存环境。难道理解比空气和阳光比女人和家庭还要重要? 我一下子就想到了这些问题。

当然,这些问题只有对永远抱着理想的人才存在。因为这种人并不以世俗的荣誉为终点。别人跑"马拉松",一跑到终点,一得到世俗的荣誉就停下来了。但那些永远抱着理想的人,却根本就不把世俗的荣誉放在眼里,他们根本就不以

"马拉松"的终点为终点。他们跑过了观众眼里的终点还在跑,并且依然是那么执著和陶醉。

这时候就有人喊"停下来停下来"。如果你置之不理,继续向着自己内心的终点跑,那么对不起,你立刻就在大家的眼里变成了"疯子""傻瓜""神经病""混蛋"——你不仅再没有掌声,再没有为你提供帮助的人,而且还会处处遇到障碍和阻拦。

我当然也尝到过处在这境地的滋味。没人鼓掌饱尝寂寞倒是小事,最难受最难办的是来自亲人和恩人的围追堵截。他们绝不让你破坏掉他们因为你而拥有的世俗的荣誉,或者说他们绝对不容许你给他们带来世俗的耻辱。

他们既然看不见你心中的目标,你远大的理想,他们也就会以他们的目标和理想来衡量你,限制你,甚至是迫害你。他们以亲人恩人的面目出现,打着关怀你一切都为你好的旗号,根本不听你说。

有时候你真是觉得他们比敌人和仇人还可怕还可恨啊!

面对这样的人,你就是伸出乞求的双手说"请你理解理解我吧",也无济于事。你如果是一个弱者是一个可怜虫,他们反而会大发慈悲,大加施舍,可是现在你却以一个强者的姿态,跑出了他们预想不到的他们难以接受的范围,他们也就要横下一条心对你实行围追堵截了。

你要实现你的人生价值,他们却要维护他们的世俗荣誉。他们没有你站得高,但他们却可以防止你跑得更远。他们比敌人和仇人更有办法来遏制你打击你。

但你却不忍对他们下手,像他们那样平平常常地活着并没有什么错,错的只是他们竟然成了你的亲人和恩人。他们不能理解你,但你却可以理解他们。

万般无奈,你就只能对自己下手。

我相信很多人就是在这种情况下对自己下手的。

我不知道我今后的结局怎样,我现在所能做到的,就是学着我的一位朋友的样,硬着头皮向世人宣布:我也不乞求理解!

心灵体验　　因为你站得比别人高,比别人看得远,抛却世俗的观念,因此,你被别人不理解,特别是你身边的亲人,他们对你围追堵截,让你心痛。万般无奈之下,你要向世人宣布:我也不乞求理解。

放飞思维
1. 你对文中的亲人和恩人作何理解?
2. 文中作者为何不乞求人们的理解?

奇迹是这样发生的

◆李阳波

> 就这样，几周之内，这个原本龌龊的贫民区，变成了模范社区。因着一位老师的爱心，一件蓝裙子以及一位有反省力的父母。

一位新老师被安排在一所偏僻贫民区的小学教书。第一天上课，她发现班上有个女孩长得相当清秀但是身上脏兮兮的，而且有酸不溜丢的味道。

她每天耐心地为这小女孩洗脸，发现脸洗干净后，显得精神多了。她猜想家长一定是为养家糊口奔忙劳碌，无暇照顾孩子的生活起居，她很想去跟家长谈谈，但一直抽不出时间来。

她心里一直惦念着这件事，想办法帮助这个孩子和她的父母，又不致伤害他们的自尊心。

有一天，她买了一件蓝色的裙子送给小女孩，小女孩开心地带着全新的裙子回家，她的爸爸看到，觉得女儿脏兮兮的，穿上那么干净漂亮的裙子，显得极不协调，就请妻子将女儿彻底清洗了一番，穿上蓝裙子。他突然发现，原来自己的女儿长得真可爱，只是以前一直穿着褴褛，蓬头垢面，所以看不出来，如今蓝裙子一穿，显得鸟枪换炮、面目一新。

这位爸爸环顾四周，发现这个脏乱的家实在配不上这清秀可人的小佳人，就花了几天的时间，将家里打扫得干干净净，标致的女儿在窗明几净的家中，果真顺眼多了。但是，他一跨出家门，看到附近垃圾成山，藏污纳垢，又觉得不顺眼了，这么整洁的家，应该在什么样的社区里呢？

于是，他发动全家人，开始打扫住家附近的环境，左邻右舍看到他这么勤劳，也看到打扫的成果，啧啧称奇。他们一走进自家的家门，看到家中脏乱，就觉得真是碍眼，也纷纷打扫自己的家。当然，也注意到干净的家中应该住什么样的人，啊哈，对了，干干净净的人。就这样，几周之内，这个原本龌龊的贫民区，变成了模范社区。因着一位老师的爱心，一件蓝裙子以及一位有反省力的父母。

当一个人觉得自己一无是处时，很容易自暴自弃，索性坏到底，就像呆在一个脏乱的大环境里，再脏一点儿也无所谓。但是当有人付出爱，付出行动，让被爱的对象开始看到自己的美或许他就能从那一点儿看到改变的曙光；甚至因着这人的改变，让别人看到希望认识到自己不必一直生活在黑暗中。

我们最终将会看到那一点儿善念形成的良性循环。

心灵体验　这位老师事先也许都未曾想到她的一件新裙子会带来如此轰动的效果。其实，在我们生活周围，这种例子举不胜举。因此我们应记住刘备曾说的："不以恶小而为之，不以善小而不为。"

放飞思维　1.从老师送的这件新裙子发生的奇迹来看，生活中我们应该怎样做？

2.奇迹的发生有时并不一定是轰轰烈烈，而是因为很小的一件事，所以我们平时做任何一件事都应慎重，你认为呢？

打　赌

◆[俄]契诃夫

银行家看到这里，把纸放到桌上，俯身吻吻这个怪人的头部，流着泪走出了小屋。

一

一个昏暗的秋夜，老银行家在书房里踱来踱去。他回忆起了15年前，也是在一个秋天的晚上举办的一次晚会。与会者颇多俊彦名流，高谈阔论，妙趣横生。在天南海北的漫谈中，他们也涉及到死刑的问题。大部分来宾，包括新闻记者和一些饱学之士，都不赞成死刑。他们认为这种刑罚不合潮流，不人道，不适合基督教国家。他们当中有些人认为在世界各地应废除死刑，而代之以无期徒刑。

"我不同意诸位的看法，"举办晚会的银行家说道，"我并没有切实研究过死刑和无期徒刑的利弊。但是如果能先验地判断的话，死刑总比无期徒刑更道德，更合乎人道主义些。死刑是立即处死，可是终身监禁却是把人缓慢地处死。两个刽子手一个是快刀子杀人，使人几分钟就死去；另一个却是钝刀子杀人，使人受好多年罪，慢慢死去，你说哪一个更合乎人道主义呢？"

"两个刽子手都同样不道德，"有一个来宾说，"因为他们的目的都一样，都是要夺去人的生命。国家不是上帝，它既然无法使死人复生，它就没有权利夺去人的生命。"

来宾当中有一位25岁的年轻律师，别人征求他的意见时，他说："死刑和无期徒刑都同样不道德，不过要我在两者之间选择的话，两害相权取其轻，我当然赞成无期徒刑。好死不如赖活嘛。"

大家激烈地争论起来。银行家当时年事未高，好胜心强，突然兴奋起来，忘乎所以，他捏起拳头在桌子上一擂，冲着那年轻人嚷道：

"你说的不对！我敢打赌，你要是甘愿单独囚禁5年，我就付给你200万卢布。"

"如果你说话算数，"那个年轻人说，"我同意打赌，非但如此，我甘愿不光是监禁5年，而是15年。"

"15年？一言为定！"银行家嚷道，"先生们，我拿200万作为赌注。"

"同意！你拿200万做赌注，我拿人身自由做赌注！"那个年轻人说。

这场疯狂的愚昧的打赌居然执行了。当时，这轻浮任性的银行家是个财产无法计算的富豪，对这打赌感到高兴。在晚餐桌上，他揶揄这年轻人说："你还是改变主意吧，年轻人，趁现在还来得及。对我来说，区区200万何足道哉。可是你却要损失三四年的美好年华。我说三四年，是因为你不会待更长的时间，你也别忘记，不幸的年轻人，自愿的监禁要比强迫监禁更难忍受得多，任何时候你都有权利自由地出去却又不能出去，你想到这一点你在牢房里的日子就会变得极其痛苦。我非常为你惋惜。"

现在银行家来回踱步，回忆这些往事不禁问自己："这场打赌的目的到底是什么？那人损失了15年的韶光，我虚掷了200万金钱，究竟有什么好处？这能证明死刑比无期徒刑更好或更坏些吗？不，不。这是毫无意义、荒谬绝伦的。我这方面是因养尊处优而挥金如土，而他那方面纯粹是为了贪财。"

接着他又回忆那个夜晚以后的事情，决定那年轻人在最严密的监视之下，在银行家的花园里某一个小屋中监禁15年。双方议定，在15年监禁期间，他不能跨出那小屋一步，不能和任何人见面，听不到人的声音，也不能收阅任何人的函件和报纸。不过他可以弹奏乐器，阅读书籍，也可以写信、饮酒和抽烟。根据协议的条款，他和外界发生关系的惟一途径就是通过特意开的一扇小窗户。他无论需要什么——书籍、乐谱、酒或是其他东西，也无论是需要多少——只要写一份清单就可以如愿以偿，但这些东西只能由小窗递进去。协议上对每个细枝末节都规定了严密的条款，根据条款，这个年轻人将受到极其严格的单独监禁，而且严格规定从

1870年11月14日12点钟开始到1885年11月14日12点钟为止,足足关满15年。如果他稍有违反协议的企图,哪怕在规定期限之前两分钟离开,就解除了银行家付200万巨款的义务。

在监禁的第一年,根据他所写的简短的便条来判断,被监禁者对孤寂生活感到非常痛苦,意气非常消沉,无论白天黑夜,都可以听到从他的小屋不断传出钢琴的声音。他拒绝烟酒,他写道,酒能刺激欲望,而欲望是受监禁者的死敌;况且,饮醇酒而见不到任何人,世界上再没有比这更沉闷无趣的了。而烟草,则会污染室内的空气。在第一年中,他要的书籍,主要是轻松读物:情节复杂的长篇爱情小说,耸人听闻、异想天开的短篇小说,等等。

第二年小屋里的钢琴寂然无声了,被监的人只索取古典作品。第五年,又听到音乐的声音,被监禁者要求喝酒。从窗口监视他的人都说,那一年他什么也不干,除了吃喝,便是躺在床上睡觉,经常打哈欠,或是愤怒地自言自语。他不读书了。有些夜晚,他坐下来写东西,一写便是几个小时,而第二天一早却又把写的东西扯得粉碎。不止一次,听见他在哭泣。

第六年的上半年,被监禁者开始热心地学习语言、哲学和历史——光是购置他定的书籍就够银行家忙碌的了。从那时起4年时间中,应他的请求买了600来卷书籍。在此期间,银行家收到了被监禁者如下的一封信:

"亲爱的监牢看守,我用6种语言向你写这封信。把它给精通语言的行家审阅,如果没有一处错误,我恳求你在花园里放一枪,好让我知道我的心血没有白费。古往今来,各国天才,使用的是不同的语言,但是在他们心里燃烧的却是同一种火焰。哦,但愿你能懂得,我能理解他们,我的心灵中感受的是何等超然物外的幸福。"

被监禁者的愿望实现了,银行家令人在花园里放了两枪。

打第十年往后,被监禁者在桌前静坐不动,除了《福音书》外什么书也不看。一个在4年中精通了600卷高深学术著作的人,竟然浪费了将近一年的时间读薄薄一本浅显易懂的书,银行家对此很为纳罕。在《福音书》后,被监禁者又读起了神学书籍和宗教史。

被监禁者在最后两年,毫无选择地读了大量书籍,他一度忙于研究自然科学,接着又要读拜伦或莎士比亚的著作,在有些便条上他同时索取好几本书——例如有张便条上他要求给他送化学书、医药手册、一部长篇小说和几篇哲学或是神学论文。他的阅读使人联想到一个在沉船残骸附近游水的人,为了活命而贪婪地抓住他所碰到的每一根木头。

二

老银行家回忆起这一切,想到:

"明天12点钟他就要重新获得自由了。根据协议,我得付给他200万卢布。我要是付给他这笔巨款,一切都完了:我就会倾家荡产,沦为赤贫。"

15年前他有多少个百万卢布,连数也数不清,而现在他都害怕问自己,究竟是负债多还是资产多。在证券交易所里孤注一掷的赌博,轻率的投机,并没有随年龄增长而减退的冒险狂热——这些都逐渐使他财产荡然无存。当年的倨傲、无畏、刚愎自用的百万富翁已经变成了第二流的银行家。他所投资的企业,行情稍有涨落,都会使他发抖。"这该死的打赌!"老人绝望地抱住头,咕哝着抱怨说,"这人怎么没有死?他现在只有40岁。他要把我最后一个戈比都拿走,他将要成家立业,享受人生乐趣,在交易所里赌博;而我却要像乞丐一样,羡慕地望着他,每天都会听到他说同一句话:'我一生的幸福,都出于你的恩惠,让我帮助你吧!'不,这太使人受不了!免除破产和耻辱的惟一办法,就是结果掉他的性命!"

时钟敲了3点,银行家谛听着,偌大的邸宅里每个人都熟睡了。外边夜深人静,只有树枝在寒冷的空气中瑟瑟作响。他悄无声息地从防火保险箱里拿出已经15年没有使用的监禁室钥匙,穿上大衣,走出屋去。

花园里天色昏黑,寒气袭人。霏霏阴雨正在降落。潮湿砭骨的寒风在花园里到处劲吹,呼号着,不让树枝静下来。银行家眯起眼睛,竭力注视,可是土地、白色的石像、小屋、树木什么也看不见。他走到小屋坐落的地点,两次呼唤看园人。没有一点儿应声,显然看园人找了个地方避风雨——现在已在厨房或温室里呼呼地睡着了。

"我只要有勇气下手,"老人想,"首先蒙受嫌疑的是看园人。"

他摸黑走上台阶,推开屋门,走进了小屋。接着他摸索着进了一条过道,擦亮了一根火柴。走道上一个鬼影也没有,只有一个未铺被褥的床架,角落里有一个阴暗的铸铁火炉。被监禁者住所的门上贴着封条,原封未动。

火柴熄灭的时候,老人心情激动,浑身哆嗦,从那个小窗里张望进去。只见监禁室里一烛荧荧,那人坐在桌旁,除了背部、头上的乱发和双手以外,他身体其余部分都看不见。桌上、两把安乐椅上,到处都放着摊开的书本。

5分钟过去了,被监禁者纹丝不动。15年的监禁生活教会了他静坐。银行家弯起手指,轻叩了两下窗户,被监禁者没有丝毫反应。银行家又小心翼翼地撕掉门上的封条,把钥匙插入锁孔。锁生锈了,发出嘎嘎的响声,接着门"吱——呀——"一声开启了。银行家原以为会立刻听到脚步声和一声呼唤,可是3分钟过去了,房间里还是那么寂静无声。他打定主意走了进去。

桌旁一动不动地坐着一个人,和普通人完全不一样。他简直是一具蒙着皮的骷髅,好像是妇女的长长的鬓发披在头上,脸颊上长着乱蓬蓬的胡须。他的脸蜡黄而带有土色,双颊瘦了进去,背脊瘦而狭长,一只手支着乱蓬蓬的头,手指瘦削而纤细,看了实在令人害怕,头发里已经掺杂了银丝,形容枯槁,憔悴苍老。看了他的容貌,谁也不会相信,他只有40岁。他睡着了……在他低垂的头前面,桌上放着一张纸,纸上用很细的笔迹写着什么。

"可怜的家伙!"银行家想,"他在梦乡里,很可能在做那百万财富的好梦呢。我只要抓住这半死不活的人,把他扔到床上,用枕头闷他一会儿,哪怕最认真仔细的破案专家也不会找到一点儿凶杀的痕迹。不过,我不妨先看一下,他在纸上写些什么……"

银行家从桌上拿起纸张,看到如下的字句:

"明天12点,我就要重新获得自由,获得和别人交往的权利。在我离开这间屋子,重见天日之前,我想对你说几句话。神明在上,我可以问心无愧地告诉你,我轻视自由、生命、健康,以及你的书本里所赞美的世界上一切所谓美好的事物。

"15年来我潜心研究了尘世的生活。诚然我见不到世界,见不到人寰,但是在你的书本里我却畅饮醇醪美酒,引吭高歌,在森林里狩猎麋鹿野猪,和妇女谈情说爱……你的天才诗人们神奇地创造了像出岫云彩一样神采飘逸的美女,常在夜晚翩然而至,在我耳边低语美妙故事,使我如痴如醉。在你的书本里,我攀登了厄尔布士主峰和勃朗峰绝顶,观看旭日东升,夕阳西沉,满天彩霞把苍穹海洋、脚下群峰染成一片金红。我在高峰绝顶观看,雷电交加,劈开了暴风雨,光被四表。我见到了葱郁的山林、翠绿的田野、河流、湖泊和城镇。我听到了海妖的迷人歌唱和牧羊人的悠扬牧笛;我碰到了标致的魔鬼的翅膀,它们飞来和我谈论上帝……在你的书本里我时而投入无底的深渊,时而创造奇迹,或杀人越货,焚毁整个城市,或传布新的宗教,征服了大小国度……

"你的书本给了我智慧。人类的永不止息的睿智在多少世纪中创造的一切都在我头脑中压缩成小小的一块,我知道我比你们全体更有智慧。

"然而我鄙视你的书籍,我鄙视智慧和人世间的幸福。这些都毫无价值,如过眼烟云一样飘浮,如海市蜃楼一样虚幻。你们可能聪慧、美好、不可一世,可是到头来死神一下子就把你们像地板下掘洞的老鼠一样从地面上扫除得无影无踪。你们的后嗣,你们的历史,你们所谓的不朽的天才,将要和地球一起烧为灰烬或是冻为冰块。

"你们已经失去理智,误入歧途。你们把谎言当成真理,把丑陋当做美丽。如果

由于某种奇怪原因，苹果树和桔子树上不结果实而突然长出了蛤蟆和蜥蜴，如果玫瑰开始失去了芳香而散发出马汗般的臭味，你们会感到多么惊奇啊。我对你们抛弃天堂，换取浊世，也感到同样的惊奇。我不想理解你们。

"为了以行动向你们证明，我是多么鄙视你们赖以生存的一切，我自动放弃200万卢布，我曾经对这笔钱梦寐以求，视为天堂，现在我却弃如敝屣。我将于规定时间的5小时前出去，从而违背契约，剥夺自身已得到这笔钱的权利……"

银行家看到这里，把纸放到桌上，俯身吻吻这个怪人的头部，流着泪走出了小屋。他从来没有，哪怕是在证券交易所惨败的时候，也从来没有如此地鄙视自己。他回到家里躺到床上，可是涕泗滂沱，百感交集，好几个小时不能成寐。

第二天早晨，几个看园人面色惨白地奔进来，禀告他，他们看见小屋子里的那个人从窗户爬到花园里，跑出园门，消失不见了。银行家立即随佣仆们来到小屋，弄清被监禁者确系遁走无踪。为了防止无稽谰言飞短流长，他从桌上拿起那张自愿放弃200万卢布的信函，回到家里锁进了防火保险箱。

心灵体验

契诃夫是多产作家，其作品在注重教益的同时也讲究奇思构想，让读者获得想像的快乐。"打赌"是日常生活中的一种游戏行为，作者却由此引出一个耐人寻味的故事，给读者以深刻的启示。

放飞思维

1. 被监禁者为何放弃了唾手可得的200万卢布？
2. "然而我鄙视你的书籍，我鄙视智慧和人世间的幸福"这句话怎么理解？
3. 如果你是那位被监禁者，设计一下你一天的生活并列成文字。

谁是最忠诚的人

◆刘燕敏

其实,这是对人性的误解。在现实中真正对你忠诚的,都是曾经给过你恩惠的人。

贾迪·波德默是一名犹太人,他在商界的成功史已没人知道,因为他没留下任何文字性的东西;然而,他在危难时期的一个决定,却让世人永远记住了他。

1942年3月,希特勒下令搜捕德国所有的犹太人,68岁的贾迪·波德默召集全家商讨对策,最后想出一个没有办法的办法,向德国的非犹太人求助,争取他们的保护。

办法定下来之后,接下来是选择求生的对象。两个儿子认为,应该向银行家金·奥尼尔求助,因为他一直把波德默家族视为他的恩人。在不同的场合,他也曾多次表示,如果有什么需要帮助的,尽管找他。

波德默家族拥有潘沙森林的采伐权,在欧洲是数得着的木材供应商。金·奥尼尔是一家银行的小股东,他是在波德默家族的资助下发家的。40年来,为了支持他打败竞争对手,波德默家族的钱,从来都没有存入过其他的银行,就是到事发的时候,他的银行里还存有波德默家族的54万马克。现在波德默家族遭到了灭顶之灾,向他求助,他怎会袖手旁观?

68岁的老人却不是这种意见,他认为应该向拉尔夫·本内特求助,他是一位木材商人,波德默家族的人是跟他打工起家的,后来是经过他的资助,波德默才有了今天的家业。现在虽然很少往来,但心理上却从没断绝过感激和思念。

最后,老人说,你们还是去求助拉尔夫·本内特先生吧!虽然我们欠他的很多。

第二天一早,两个儿子出发了。在路上,二儿子说,我们不能去本内特先生那儿,上次我见他时,他还提那700吨木材的事。要去,你去吧!我要去求奥尼尔。最后,二儿子去了银行家那儿,大儿子去了木材商的家。

1948年7月,一个叫艾森·波德默的人,从日本辗转回到德国,去寻找他的家人,最后一无所获。后来,他从纳粹档案中查到这么一条记录:银行家金·奥尼尔来电,家中闯入一年轻男子,疑是犹太人。一年后,他又于奥斯维辛集中营的死亡档案中,查到他父亲、母亲、妻子、弟妻及六个孩子的名字,他们是在他和弟弟分手后的第四天被捕的。

1950年1月,艾森·波德默定居美国,2003年12月4日去世,终年83岁,留下一部回忆录、两个儿子、三个女儿和九个孙子、孙女。他的回忆录主要讲述了他在木材商本内特的帮助之下,怎样偷渡日本,保全性命的。该书的封面上写着:献给父亲贾迪·波德默先生!封底写着:许多人认为,要赢得他人的忠诚,最好的办法是给其恩惠。

其实,这是对人性的误解,在现实中真正对你忠诚的,都是曾经给过你恩惠的人。

心灵体验

艾森·波德默用血的教训警示人们认识的误区:"要赢得他人的忠诚,最好的办法是给其恩惠。"其实那些许多人的认为是经不起实践的检验的!否则,艾森·波德默就不会活到83岁。

放飞思维

1. 为什么贾迪·波德默将求生对象选定为木材商而不是银行家?一个是他欠的,而另一个是欠他的。
2. 读过此文后你对社会的看法有什么改变?

神奇的预言

◆ 蔡成文

摸骨盲人们的断言只是恰好应验了一句在我家乡广为传诵的俗话:"奸诈人家生恶子,慈善门户养贤良。"

不清楚是哪年哪月,一个贫困的盲人在乡野里穿行,靠给人摸骨预测未来换取银两谋生。

一个冬日,路过一户正热闹着的人家。饥寒交迫的盲人轻叩门扉,希望能求得一口热汤解渴缓饥。他的话音刚落,有人高喊:"哪里来的乞丐,出去出去,人家办喜事,你来添什么乱!"

原来是那户人家喜添贵子,正办满月酒呢。听到呵斥,盲人急抽身欲退。岂料主人家热情扯住他:"上门都是客,上座吧。我儿子满月,正好请您老摸骨测相,预测预测将来呢。"孩子的父亲扶盲人上席,看他打寒战,又赶紧找了件棉衣披在他身上。

　　酒席毕，主人把孩子抱到盲人面前，请他摸摸孩子的手掌和后脑勺，古时摸骨测相的人往往就是这般动作。盲人微微颔首，手未伸出已下断言："此孩及长，必贤！后代子孙，更将日渐发达，良才辈出！"在座的客人哄堂大笑，都当盲人瞎说一通顺耳话以换来主人欢颜。不料的是，时过境迁，盲人的话竟一一应验。这户人家日渐显赫，盲人断言之后不到百年，那个已长大的孩子的孙辈里出了个贺耀祖，曾拥军与唐生智一起雄霸湖南，后来成为国民革命军一名重要的将领……

　　这个故事无数次被我家乡的村人所讲述，那个盲人也早被人唤作"摸骨仙"，因为他精确的"预测"实在神奇。我也曾无数次听闻这个传说，在我的记忆中，心中对神奇的摸骨之类的"预测大师"充满敬畏。及至年长，见识多了，再听那故事才恍然大悟，充斥民间绵延千百年的摸骨、看相等诸如此类的神奇预言并不足以去迷信，摸骨盲人们的断言只是恰好应验了一句在我家乡广为传诵的俗话："奸诈人家生恶子，慈善门户养贤良。"

　　有言：一花看尽世界，一叶知尽菩提。走南闯北见多识广的摸骨盲人一定深知，哪怕嘘寒问暖的只字片言，仁爱关切的细小动作，都能看出一个人、一个家庭的家世渊源，更有可能看出未来的人运、家势走向。那位眼不明心却亮的盲人准是从办满月酒的主人的言行里得出了准确的"预言"。

心灵体验

　　平心而论盲人"看相"是看不到的，只能摸，靠手去触摸，靠心去体会，这位走南闯北见多识广的摸骨仙之所以准也就毫不奇怪了。

放飞思维

1. "摸骨仙"当时给满月孩的预言是感激主人的恩情吗？
2. 从盲人预测人生的经验，你能悟出一个什么道理？